THU
FRI
SAT

17

	2 農 4.7 晚上6:00到 商團祭名	3 農 4.8 954 屏東女中 吳老師 10:00-12:00 14:~16:00 會議
8	9	10 農 4.15 951 11:00到 萬巒高功國小 教師研習
15 汐止鎮收發 (叔)中午丁鈺	16 農 4.21 早上	17 農 4.22 959 下午13:00-15:00 暨南大學(聖瑤)
22 10:00-12:00 14F 2557047	23 農 4.28 Fred 生日 963	24 農 4.29 (康軒) 13:00-15:00 964
29	30	31 農 5.6 台南 14:00-16:00

江秀真

文字 × 攝影

十年一講，為夢想

目錄

輯

二

探訪世界登山教育先鋒

為推廣臺灣登山教育，我除了展開行腳臺灣各地的演講旅行計畫之外，
永遠記得愛智圖書楊博名董事長當年給我的提醒與啟蒙——
創辦一所登山教育學校，必須學習德國人成立企業般的思維與精神，以百年基業做考量！

國外登山學校參訪——特別篇

輯

三

與時俱進的登山教育學校

「登山教育學校」之於臺灣，宛如一座處女峰，截至目前沒有人挑戰過。登頂世界七大洲最高峰之後，從前進與山為伍的雲端，轉身回到與人相處的現實社會，我選擇走一條沒人走過的路，登一座沒人攀過的「教育大山」。

推薦序

共同圓滿「高山氣象網」之夢

我跟本書作者江秀真臺大三年師生情誼過程，出現在〈輯三／與時俱進的登山教育學校〉這一篇章。二〇一〇年四月，我在臺灣大學第二學生活動中心舉辦一場「坐看雲起時——二〇一〇年森林高山氣象研討會」，當時透過秀真的名氣吸引近八十位產官學界聽眾。

二〇〇九年，我應中興大學森林系曾老師邀請，參加了「雪霸國家公園高山生態系整合調查計畫」生態調查，負責建置調查樣區的氣象站和資料分析，並投入兩名女研究生——張譯心與江秀真，連續九年每兩個月雪東線以三天兩夜行程往返臺北武陵農場，共計四十四次上山下山的三千公尺氣象站維護作業（哭坡、三六九山莊、黑森林、雪山圈谷、記憶卡更換、電池電力檢查等）。

二〇〇九年計畫結束，子計畫主持人共同向國家公園請命，請求別停止氣象站，以便拉長山區環境背景資源長度；我則是啞巴吃黃蓮有苦難言，如何去尋找下一位樂意登山的臺大研究生。這時秀真出現在我的口袋名單，但要如何透過「推薦甄選」方式，讓她順利進入臺灣大學念研究所？沒料到，她提交三份很有份量且讚譽有加的推薦信，加上我跟全體教師保證她可以選修大學部幾門重要必修課（她的人緣獲得許多年輕學生認同與協助）；除了畢業口試之外，我請秀真以參加TED演講經驗，讓全體師生認識了這位很會說故事的傑出系友。

我預期我再沒有好運找到第三名研究生完成每年六次雪山圈谷，因而轉向氣象局測政組李育棋組長求援，以雪東線氣象站為出發，請氣象局將他們納入為臺灣「高山氣象網」的開端。除了玉山氣象站之外，能夠將雪東線氣象站同地點，或是無線電通訊合適地點建置平地自動氣象站規格氣象站，將國家公園和中央氣象局以及登山社團結盟成一個互助網，監看山區降雪降水、低溫高雲霧的氣候特徵。

二〇一七年八月十六日氣象局前局長辛在勤帶隊完成氣象站驗收，我們一行人走回登山口，回到武陵國民賓館夜宿和晚餐，我端著酒杯泛著淚光，站起來跟秀真和氣象局所有同仁（李育棋組長、陳明志科長），以及翰昇環境科技公司許光裕董事長（二〇一八年十月因山難仙逝於八通關古道），含淚感謝這高山氣象網的夢想終於完成，這股興奮激動心情不亞於登上任一座高峰的感受！

《十年一講，為夢想》勾起我心中這段往事，相信也能帶給大家一次又一次圓夢之路的感動！在為文推薦同時，祝福大家都能圓夢！

國立臺灣大學大氣科學系 **林博雄** 教授

推薦序

輕鬆背後的不簡單與淬鍊

與秀真結緣，是在二〇一〇年，由其擔任嚮導，帶領本系師生登頂玉山。猶記得當時豪氣的答應同學要一起爬臺灣第一高山，內心其實有著許多不安與害怕，不僅半年前就有人幫忙做心理建設（不會很困難啦！），兩個月前開始練習跑步（其實有點晚開始），更甚至一個月前就開始張羅登山的衣服、裝備，戰戰兢兢的心情，不亞於秀真要攀登聖母峰所做的準備。走在崎嶇的山路中，看到秀真穿著輕便裝扮及健走鞋，如履平地般的輕鬆，而我卻全副武裝，懷著如臨深淵的戒慎恐懼，讀了《挑戰，巔峰之後》，才知道輕鬆背後的不簡單，輕鬆背後曾經歷的淬鍊。秀真最讓我佩服的，倒不是這外顯的體能或體力，而是她因為經過世界第一高峰，以及七大洲頂峰的極致洗禮後，所展現出令人激賞的人生哲理、生命體悟，以及堅毅特質。

若你已攀登世界高峰，人生還有什麼值得追求的呢？我想這可能是許多人對秀真有的疑問。秀真不以此自豪，更不以此為限，華麗下山後，以登山教育做為畢生志業，從行腳每一所學校做起，將他的登山經驗分享給各級學校學生、企業人士、以及樂齡族，希望讓更多人能愛山、敬山、向山學習，從中探索自我，看見生命的意義，並珍惜生命的可貴。而為了達成夢想，她甚至發揮登頂的精神，取得兩個碩士後，來報考本系博士班，為的就是學習系統化的教育方法，一步一腳印的扎根學習，以登上心中的第三座學業聖母峰。尤其，這座登山教育學校，不僅可做為青少年山野教育實驗學校，培育未來人才；也可以幫助中高齡，透過山的陪伴，以達到活躍老化的目標。因著她的堅持與使命感，這已不是她個人的夢想，是我們要一起幫忙成就的大事！

《十年一講，為夢想》這本書，有秀真踏遍臺灣的演講內容與旅行記事；有她親自造訪海外登山學校的介紹；以及她夢想中登山教育學校的圖像。如果你沒有機會聆聽秀真的演講，請千萬不要錯過，這位出現在教科書中的女豪傑，如何透過她的生命敘事，引領我們創造自己生命中的第一與唯一，以及如何追求夢想，以登上自己心中的那座聖山。

國立中正大學成人及繼續教育學系教授兼系主任　**李藹慈** 教授

推薦序

與她同行，看到生命可以如此燦爛活著

秀真，登完七頂峰，繼續攀登人生的教育高峰，一座比珠穆朗瑪峰更難爬的山。為了這座山，她接受比過去更多的專業訓練，花了更多的時間，因為要登頂這座教育高峰，不只是她一個人的事，更是整合了各路人馬，各樣資源，她要為臺灣打造一個登山的根，就是創辦「登山學校」，這是件非常不容易的事。

也因為這樣，她到了許許多多地方演講，不管是中小學、大學、機構與公司等，她用非常幽默的口吻，加上自己的生命故事，與動人的圖畫相片，挑動每個人冒險的心，生命的夢。一場接一場，一直訴說，從數十場到數百場，數百場到數千場，這樣的毅力與力量，是從山而來，也透過演講，將這毅力與力量，傳達出去。

她人的善良、內心的單純，加上對登山學校熱情的心，這夢想的實踐愈來愈靠近，一路上我看到一位用心認真的人，會驅使更多人前來幫助她。如果你願意在這夢想上，做些什麼，這本書將告訴你如何與她同行，共同完成這件對臺灣登山教育重大的貢獻。

因為認識她，也一直與她同行，看到生命可以如此燦爛活著，並同時鼓勵著許多人的生命；謝謝她，更謝謝每位讀者，願意更認識她，知道人可以這樣地有意義活著。

祝平安喜樂

國立臺灣師範大學公民教育與活動領導學系教授
華人磐石領袖協會理事長
謝智謀 博士

無盡的追尋，只為與山的愛戀

推薦序

欣喜秀真在二〇一六年出版《挑戰，巔峰之後》一書，能在四年後將多年演講心得，與築夢過程裡平日人生深刻感悟，繼續感動啟發周遭的青年學子與讀者大眾。

近日在朋友新出版的詩集中看到一句話：「一個人一生中偉大的可能，往往是在認識一個珍貴的朋友之後開始的。」我想說的珍貴朋友正是近十八年來和秀真像姊妹般，在人生旅途上相互勉勵打氣往各自夢想前進的友誼力量。

二十一世紀初我們都曾經任職她心中似天堂般的梅峰臺大農場，離開農場後我在埔里經營畫室，她與幾位生態解說員常每週下山到我畫室畫圖，因而讓她重拾孩提時期塗鴉的樂趣。

我們看到她在一九九五年成功登上聖母峰後考進嘉義農專剛入學時，身無分文一切從零開始。當時喜愛常玉作品的她畫了張《天地一沙鷗》想飛離孤境、內心蒼涼蕭瑟的作品，當時讓她藉由蠟筆簡單的塗畫抒發了青春時期成長的酸楚。看她一九九八年住嘉義時喜歡夜遊，描繪樹林裡偷偷對她微笑的橘子月，療癒的畫中可以看到秀真情感豐沛、內心敏感，連畫圖也可以比別人膽大恣意揮灑的勇氣。

二〇〇四年有幸得她陪同我登上雪山峰頂，她拍攝植物我寫生畫畫，一路上還被山友笑稱我們像是在自家後花園散步，半途還能在山徑上歇息煮咖啡，大概只有跟秀真爬山才能有的從容與悠閒吧！

多數人和我一樣並沒有秀真天生的強健體魄，每一次登頂往往是咬緊牙關用毅力與耐力完成的旅程……

試問！為什麼我們要去接受這肉身煎熬心靈喜悅的考驗呢？是山就在那裡！是喜歡高山壯美空靈純淨的景緻！可以不問紅塵俗世專心與山對話！也許

「巔峰經驗」可以解釋這樣的心理狀態。

心理學家馬斯洛（Maslow）認為：「巔峰經驗是追求自我實現過程中所經驗到的完美感與心理滿足感，這是一種有如狂喜與極樂的強烈情感狀態，感到自己充滿自信、堅強，是能完全掌握自己的時刻，而這樣的經歷常是在做著非關現實生活的行為伴隨而來的心理滿足感。」因此登山過程教會我們的常是激發出自身內在強韌的力量，幾次登高山經驗也讓我感受到登山與繪畫創作的自我實現價值是一樣的。這山巒層峰疊嶂、大地亙古迷人的壯闊風情，正是愛山人靈魂深處永遠的愛戀……

正如秀真在書中提到，「唯有出發，才不會一直在原地踏步」，我們看到她在二〇〇九年完攀世界七頂峰後，開始在全臺演講分享她的生命故事。當時她好似完成了生命重要的夢想與志業，一下子回到平凡日常沒有了奮鬥的目標，正處在人生的山谷裡徘徊。

心想她這麼豐厚精彩的人生閱歷一定要跟世

人分享，我們閒聊中提到演講旅行的可能性，彷彿又有座聖山在她面前出現，就這樣她開始在我畫室孩子們面前分享她的登山故事，許多學校、團體相繼邀請她演講……

二〇一二年我在埔里經營藝廊，策畫她的「聖母峰攝影展・雲端上的行腳」。演講旅行和開始建構登山學校的計畫，成了她從雲端回到人間新的志業與努力方向。

接著她進入臺灣大學大氣科學系研讀，參與高山氣象學的觀測及研究，順利取得碩士學位；目前繼續在中正大學成人及繼續教育學系博士班研讀，展現她過人自我實現的毅力與勇氣。

每個人心底都有一座巍峨的高山，讓我們在漫長的生命旅途中學習攀爬，淬鍊心志學習謙卑，而秀真堅毅無畏的登山經驗與佈道般的全臺行腳演講精神，肯定可以啟發我們學習如何攀爬自己生命的聖山。

藝術工作者　石鈴

推薦序

十年一講，百年樹人

初識江秀真，是二〇一六年年底。因為仰慕她的豐功偉業，邀她演講。她爽快答應。聽完演講，仰慕之情，無法抑遏，囁嚅說：「秀真，妳……妳可以帶我們爬山嗎？」我夫立刻扯我衣袖，企圖制止我的唐突。他事後比喻：「妳要江秀真帶妳爬山，好比要愛因斯坦教妳九九乘法。」但她爽快答應。

秀真信守諾言。她從來沒有嘲笑我體力弱、平衡感差、腿短、阿嬌性格、愛做大夢。二〇一七年起，我們一起爬了陽明山東西大縱走東段（寒流來，淒風苦雨，體感溫度七度）、喜馬拉雅山的Poon Hill、安納普娜南峰基地營（ABC大環線）、日本立山連峰縱走，五感齊開，身心靈浸潤於壯麗的天地山川。我們勾勾手，相約一直，一起，走下去。

連續陡坡氣喘吁吁，或者穿冰爪在高海拔雪地舉步維艱時，我難免想到她的第一本書《挑戰，巔峰之後》，寫她的童年和成長，十五歲開始爬山，兩度攀登聖母峰，完成世界七頂峰的壯舉。書中金句無數，讀時忍不住畫線背誦。但彼刻，在舉步維艱的彼刻，我豁然明白。花甲少女我，多少看過人世的真與偽，實與虛。有些人在書房裡，吹冷氣，電腦鍵盤上寫漂亮金句。但江秀真不一樣，是她一步步，感受、實踐和淬鍊而出。

幾年來，以秀真為中心，我們相約爬山，山友各行各業，有完登百岳的十七哥，有氣象專家，有天文癡人，有主廚，有廣播職人，有NGO工作者，有影后，有設計師……組成「遠真家族」。登山時彼此照應，回到地平面，也照應彼此人生的困頓。看到需要，伸手拉一把，如同登山時。

我常覺得「遠真家族」是天團。秀真的氣場如此強大，有事沒事，我們歡聚，相互打氣，彼此鼓舞。真誠分享和鼓勵協作，是「遠真家族」的核心價值。

秀真是我生命中的貴人，她幫我走上前所未有的高度，探看寬闊視野。《十年一講，為夢想》，寫她世界七頂峰之後，立大志，創辦臺灣登山學校，並以赴各地演講，為創校之行前訓練，至今演講三千場的點滴紀實。很榮幸蒙她邀寫序，讀完書稿，嚇到。什麼！竟然我也是秀真的貴人。這真是我人生的豐功偉業。

心想，好好。互為貴人，互為圓夢者。非洲諺語有云：「想要走得快，一個人走，想要走得遠，一群人走。」是什麼樣的一群人呢？我相信，和對的人在一起，就會做對的事；做對的事，就會吸引對的人。攜手做，快樂走。

這是江秀真和登山，帶給我的啟示。

「上尚講堂」策畫人　**胡慧玲**

推薦序

陪秀真
爬下一座聖母峰

秀真兩度陪伴「遠真家族」的朋友去尼泊爾爬山。一次到海拔三二一〇公尺的Poon Hill，一次到四一三〇公尺的安納普娜基地營。我都只能待在家裡，按時進出醫院，眼巴巴、心癢癢，於是自封「臺北基地營指揮官」。

隊員凱旋歸國之後，我得到一份謝禮。是加德滿都名店「8848」牌的羽絨外套一件。雖然我無緣追隨，站到仰望珠穆朗瑪的高處，但穿上8848，俯看天下，倒也顧盼自雄，與有榮焉。

我們喜歡親近秀真，聽她說為了創辦登山學校，十多年來行腳各地，演講三千場的事。之前，她攀登聖母峰，完成世界七頂峰的事功，我們只能讀她的

《挑戰，巔峰之後》一書，魂縈夢牽的遐想。但是我覺得，她的《十年一講，為夢想》，不只十年一直講，根本是在爬另一座聖母峰。不過這一次，她不孤獨。秀真十多年一直走一直講，到處結緣，呼朋引伴。因為她胸中懷抱的登山學校，是屬於全臺灣的登山學校，是我們都樂於盡一份心力，共同的事功。

這一次，我們要陪秀真一起走。

我不曾和秀真爬過山。但我看過隊友拍的短片。秀真陪伴疲憊已極的山友，很緩慢的，一步，一步，向上。秀真總是走在隊伍後面，陪伴慢下來的隊友。看過那支夢遊般漫步的短片，我才敢再嘗試爬山。我領有一張「極重度殘障證明」，但我終於敢，學她那樣，前腳輕輕著地休息，後腳打直，把身體向上推。前輩山友十七哥說這是「休息步」，每一步都可以讓前腳休息。

我喘著喘著緩步向上的時候，腦子裡總是浮現秀真陪隊友漫步的影像。

秀真的辦學夢想，漸漸清晰起來了。她考進博士班，修習成人教育，並注意到要把登山學校的重點，轉往中高齡族群。真是深獲我心啊。我打算勤練休息步，用後腳走路。看看極重度殘障者，還能不能爬得臉不紅氣不喘。將來，登山學校若要徵復健班的助教，請秀真記得喊我一聲。

遠真家族臺北基地營指揮官　**林世煜**

前言

從雲端轉身，迎向「人間聖母峰」

二〇一六年，完成《挑戰，巔峰之後》的書寫與出版，其中包含童年、青少年時期的成長軌跡，以及從十五歲第一次爬山，歷經臺灣九十座崇山峻嶺的淬鍊，兩度登頂世界第一高峰——珠穆朗瑪峰，完攀世界七大洲頂峰的極致洗禮……這本書可說是個人的生命首部曲，完整記錄攀登世界顛峰與壯闊山水的心路點滴。

書中有一段描寫我獨自在阿空加瓜峰經歷兩天兩夜的暴風雪狂襲，宛如打了一場心靈戰役，所幸獲得幸運之神眷顧，讓我回到人間繼續感受天地大美，因此萌生這份存活下來的約定，展開「行腳每一所學校」的演講願心，期許自己將寶貴經驗分享出去，讓更多人明白、懂得珍惜生命的殊勝與可貴。

◎下山之後的挑戰

從雲端的世界之巔回到人間，展開行腳各機構的演講計畫，這十年來，我前往各級學校、民間企業、各類法人社團與文教基金會、樂齡學習中心、社區大學等單位，分享登山閱歷和生命體悟，目前累計達近三千場次。

「演講」過程就像登山、攀登聖母峰之前的準備工作一樣，必須一步一腳印；「登山學校」就像聖母峰，是一個目標，讓我前進的動力所在。

二〇〇九年完攀世界七頂峰之後，內心篤定要在臺灣成立登山教育學校，一開始不知從何做起，幾經思索，就從演講開始吧！然而，自認「素人講者」的我，藉由邀約演講的單位來訂定題目、內容等，竟成了另一種挑戰。過程中，不僅絞盡腦汁、反覆咀嚼攀峰的點點滴滴，更串聯了許多聽眾回饋的想法、提問，不吝給我相關建議，一步一步往登山學校的方向邁進。

登山需要行前訓練，創辦登山學校也是如此，必須清楚掌握相關專業知識與技能，才能步步踏實地達致目的地。因此在這十年中，除了馬不停蹄的演講行程，也在林博雄教授的建議及鼓勵，進入臺灣大學大氣科學系研讀，參與高山氣象學的觀測及研究，順利取得碩士學位；目前更於中正大學成人及繼續教育學系博士班就讀，持續思考如何將以往「師徒制」的登山傳承方式（內隱知識），落實到登山學校有系統的教材教案上面（外顯知識）。而這些跨領域的進修學習，都是為這座「人間聖母峰」做更全面的準備。

登山是屬於自我的時間，也是認識自我的過程；下山回來後，有可能會忘記過程，僅記住片段，特別是在攀登世界高峰時，需要有沉澱的時間。沉澱下來之後，去回饋、分享，鼓勵別人時，原本只有你與這座山的感覺、感受或自我反思，經過再度回味，講者與聽眾之間會彼此提醒，激盪出新思維、新的可能性；彷彿自己再去走一遍，將第一次沒有發現、感受到的點，斟酌將這些訊息以最適當的方式分享給聽眾。足見在演講過程中，不僅提升個人的成長，連帶也給他人一些收穫跟改變。

◎夢想的種籽發芽了

二〇一九年九月，與友人攀登臺灣南部最高峰北大武山，途中巧遇一位曾在臺南生活美學館聽過我演講的女生，她認出我來，興奮地對我又摟又抱，說：「老師～您還記得我嗎？我原本不爬山的，是因為去聽了您一次演講……

現在我已當上高山嚮導，而且今天還帶了一個徒弟來爬山。」

那一刻才發現，原來經由演講擴散出去的感染力、影響力和效益，是你原先想像不到且無法預期的！

此外，剛開始面對小學生演講時，心想自己年紀都一大把了，該怎麼跟這些小蘿蔔頭互動？又該怎麼表達自己想傳達的東西，才能讓他們聽懂你的話語？又該如何幫助他們吸收，才會跟你感同身受？聽懂之外，還能夠具體帶給他們什麼樣的想法或啟發？……諸如此類的思考與執行，也是演講十年來，收穫頗多的可貴經驗。

針對小學生的演講下了兩個定義，也希望從中傳遞以下兩件事：

第一，感恩惜福，親愛家人，是實現夢想不可或缺的信念。

第二，當你未來有能力，記得要經常分享與鼓勵他人，才會讓生命更加富有及快樂。

如同前面所提，登山是屬於比較個人的行為、個人的enjoy，但若能透過自己的感受再將它分享給別人，登山就不再是很個人的事情，並由此凝聚更多喜

生命教育是透過不同生命經歷相互的分享與交流。

愛登山的人，如同漣漪效應般擴散出去，結合各方力量為臺灣第一所登山學校投注心力。

近年來，前往各地各單位演講的關係，越來越多人認識、知道我正努力地推廣臺灣登山教育，進而匯聚各方因緣，展開帶領許多朋友前往海外攀登健行、去看喜馬拉雅山壯麗美景等活動，間接改變了他們的人生觀，還包括啟蒙兩位臺大學生前往尼泊爾創辦「遠山呼喚——教育種植計畫」，諸如此類的夢想種籽陸續發芽了，真的很棒！

◎十年一講，為夢想！

在臺灣，「登山學校」宛如一座處女峰，截至目前沒有人挑戰、攀登過。登頂世界七頂峰之後，從雲端回到人間的行腳，我選擇走一條沒人走過的路，登一座沒人攀過的「教育大山」，再度挑戰另一座「人間聖母峰」！

成立登山學校與創建、推廣登山教育體系，都非一蹴可幾，需要與時俱進，持續汲取各層面的智識與技能，逐步成就才行。但因為有攀登聖母峰的經驗，自願接受挑戰！好比在寫碩士論文時，一坐就是八小時，也不以為苦；這是為創辦登山學校該做的準備功夫，甘之如飴。

除了國內演講行程，這幾年透過友人協助與登山協會黃一元理事長的引薦，分別前往法國霞慕尼滑雪登山學校、波蘭登山學校，還有日本登山研修所取經，這些都是國際知名、具備厚實基礎的登山教育機構，將在後續篇章與大家分享。

如果，生命首部曲《挑戰，巔峰之後》，是我攀登「具象聖母峰」的完整紀錄。

那麼，生命二部曲《十年一講，為夢想》，則是我熱情投入「教育聖母峰」的謙卑述說與分享！

每到一所學校演講，就像攀登一座山。
不論是面對小學、國中或高中學生，我期許自己以難得的生命經歷，
激勵他們無畏無懼，勇敢追夢！

輯一

行腳臺灣・演講旅行

二〇〇九年，再次登頂珠穆朗瑪峰，下山時說好要將未來的二十年獻給臺灣登山教育。問題是怎麼給？給什麼？

從挑戰世界之巔到平安下山，著實不簡單，大家都很好奇——這個人是有三頭六臂或異於常人？甚至有人認為我沒有結婚生子太可惜！還建議我要留下「堅毅」的基因……

於是我透過一場場的演講，開始以分享生命體驗與登山故事為主軸，用演講旅行的方式，從不侷限任何地區單位的邀請，只要自己的經歷能勝任的講題都可以，講師費用多少也不是第一考量。

從第一所演講的新竹陽光國民小學開始，至今已累計將近三千場次！前往每個地方演講，就像在攀登一座山。

若以海拔高度簡單區分，國小與國中，就像易於親近的郊山，海拔高度約一千五百公尺；高中與大專院校比較像中級山，海拔高度介於一千五百～三千公尺之間；而針對社會人士的演講，則像攀登海拔高度三千公尺以上的百岳群峰。

海拔高或低，是我們對山的第一印象，也是它的基本資料；攀登過程中的未知與變化因素，必須親自體驗才知道。

我從海拔最高的國小，到兩天內完成小琉球全島學校的演講；不論是開著好夥伴「小綠」，或是搭乘臺鐵、高鐵當天來回……為了推廣登山教育這個夢想，我甘之如飴，無所畏懼！

2014年3月15日，陪伴我南征北討、趕場演講的愛車「小綠」，在前往嘉義縣六嘉國中演講當天達到三十萬公里里程數，我和乾媽買了個蛋糕，在車上記錄下這感恩的一刻。

勇敢認識自己

凡人「堅毅標準」vs.「神格化」想像

我在玉山國家公園擔任巡山員期間，便展開演講旅行計畫，有時一下班，就急忙開車前往臺中地區各大扶輪社的例會開講，來回車程往往多於演講時間；回到南投水里宿舍，時鐘指針幾乎都已呈現「翻點」（臺語，意指過了凌晨十二點）。

扶輪社的演講累積有上百場之多，每一場講座大約四十至五十分鐘，對我來說是一段很棒且重要的練講機會與經驗。而這類團體聚集許多政商名流、企業主管，他們本身經營公司，或有親戚在其他地方工作、孩子在學校教書或念書，只要適合的單位有需求，不論生態保育、環境教育、性別主流、團隊激勵……等相關議題的演講，我都樂意前往分享，每一場也盡心力求完美。

之後漸漸有聽眾回饋、互動、提問。問的最多的是——妳為什麼要去爬珠穆朗瑪峰？那麼危險，妳不害怕嗎？家人的反應是什麼？攀登世界高峰回來有什麼感覺……為了滿足聽眾諸多好奇心，同時為演講備課，我不得不努力思索以下問題並找出答案——我為何登山？對於危險和登山之間的關係，我的理解又是什麼？回溯父母親對於我前去挑戰世界最高峰的看法，又是如何？感覺上平安回來就好，順理成章的免去任何責怪（無須也沒必要去追問為什麼！）；平安攀登高峰回來又代表什麼意義？……一次次的發問、一次次的腦力激盪、一次次的回溯攀登過程，又一次次的問自己到底改變了什麼？

畢竟攀登世界高峰，堪稱是一趟特殊的生命歷程，世上多數人不曾或無緣擁有這樣的經歷，才會很想知道箇中感受。而我為了能夠讓聽眾有身歷其境之感，不斷找尋方法與答案，這才整理出演講中所提到的「堅毅標準」！

＊　＊　＊

何謂「堅毅標準」？攀登聖母峰能獲得堅毅標準！

但堅毅標準是什麼？它有那麼重要嗎？我該如何讓大家明白呢？

記得任職於玉山國家公園時，有一天睡過頭，只差五分鐘就要遲到了，急忙翻身起床穿好制服，從宿舍直奔辦公室，卻在途中走廊上被處長叫住──

「秀真、秀真……有事要問妳？」

「哇！處長什麼事啊？我剩下三分鐘要打卡，快遲到了！」

「不會啦，我只耽誤你一分鐘。什麼事這麼著急呢？我只是想問，妳不過從宿舍跑到這裡，怎麼喘得像頭牛似的！」

我一時摸不著頭緒回道：「怎麼了嗎？」

處長又說：「妳爬過聖母峰耶！」

我吃驚地回答：「您的意思是爬過聖母峰的人跑步不能喘喔？」

哇～大家知道嗎？原來有很多人的想法是一樣的，總是將爬過聖母峰的人「神格化」了！覺得我的心臟若不是異於常人，要不就是根本沒心臟；也許也不用睡太多覺、吃飯……（呵呵，這樣不就成仙了？）

基於此，我在演講時，通常會先秀出珠穆朗瑪峰北側（西藏路線）的照片，上頭畫著一九九五年的攀登路線，黃色線代表基地營五千二百公尺到八千公尺的第四營地，這段路落差有三千公尺。臺灣公路最高點是武嶺三千二百七十五公尺，很多人都去過，因為車子油門一踩就到了，也有人挑戰騎單車、跑馬拉松等幾個小時內就能完成，最不可思議的是將臺北市的YouBike從臺中騎上合歡山，僅花十五個小時！三千公尺對臺灣人而言並不陌生，有時也可能是輕而易舉。然而，我在珠穆朗瑪峰的日子，一樣三千公尺的落差，卻得走上「一個半月」！這到底要怎麼走啊？

請大家注意看喔！我們先從五千公尺前進到五千五百公尺，再折返回到五千公尺處；也有人從五千公尺↓五千五百公尺，再上到六千公尺，又下到五千公尺……又上到五千五百公尺、六千公尺、六千五百公尺……直到八千公尺，再下到五千公尺，就這樣上上、下下，不斷地做高度適應（因為八千公尺以下不用氧氣瓶輔助攀登，從八千公尺以上得用氧氣瓶輔助登頂）。整個行程需耗費兩個月的時間，處於低溫、低壓、低氧、四周白雪靄靄、生活於非常不便利的環境下，特別是上廁所……（嘿嘿，我當然還是需要上廁所的！）

所以能夠親身經歷雲端珠穆朗瑪峰的考驗，平安回歸人間，啟動「行腳臺灣演講計畫」，持續做分享，我覺得最大的不同點在於擁有了「無限的堅毅標準」！也就是說，沒有忍受不了的風霜，闖過無數風險、同時看見前所未有的世界之巔的壯麗風光，再度回到平地生活，就算遭遇到挫折、困難，還會輕言放棄嗎？

當身心靈昇華與蛻變後，多了一層厚厚的堅毅加持，挑戰自我的標準也跟著提高。我想，人之所以要不斷地挑戰自我，就是為了提升「內心的堅毅標準」。即使前方充滿阻礙和困境，但心若堅毅定靜，反而能善用眼前的困境，繼續鼓舞自己超越顛峰！

堅持追夢

學校再小再遠一樣使命必達

剛開始要到小學演講，說真的，我也是有點「剉」，因為小學生的年紀與自己相距實在太遙遠啦！不曾接觸過兒童教育或相關教學訓練，這該如何是好，面對小學生演講顯然變成心頭重擔。心想，寧可再爬幾座高山也不至於如此困難吧！腦海中浮現N年前的小學時光，只知道玩，啥事也不懂。而今思維已有三十幾年的差距，甚至歷經許多人事滄桑，該如何將這一切表達得當、小學生又能聽懂，儼然成為最艱鉅的考驗。

我嘗試請教相關領域的朋友，他們仔細分析並給予建議：「還不簡單，妳就從他們的年齡去思考事情啊！再者，『好奇心』是小朋友占比最重的部分……」這對我真是當頭棒喝！好奇，是追逐夢想的開始，我便由此思索，慢慢從「第一次接觸，就以同理心面對」的角度切入與準備。

初期製作演講內容，盡量以小學生的立場、角度與視野為出發點，外加童真與想像力，做為分享的主題，每四十分鐘休息十分鐘的教學鐘點，活潑內容與適時提問，並攜帶海外攀登裝備（雙重靴、冰爪、冰斧……）到現場互動，增加學習的趣味性。

演講過程中，先和小朋友分享「喜歡主角、也要認識配角」的概念——因為雪而喜歡登山，因為登山而住過愛斯基摩人的雪屋、還親手蓋過，因為到南極登山而搭乘過超級無敵酷的伊留申76型幻象運輸機、見識過何謂永晝的地球現象，因為攀登聖母峰、前往喜馬拉雅山區看見生活在海拔五千多公尺的雪雉（和臺灣的國寶帝雉同屬雉科）……再告訴孩子們：夢想是從想做的事情，不斷去嘗試和發覺開始的。

約莫兩堂課時間下來，我發現由「同理心」切入很重要！例如海拔八千多公尺的珠穆朗瑪峰，它的高度與氣溫非一般人所能想像，因此一開始就舉臺北一〇一大樓的高度為例，請他們思考需要幾座一〇一大樓才能和聖母峰一樣高？而且零下三、四十度的氣溫到底有多冷？引導學生注意自家用的冰箱冷凍庫溫度，就能有效感受我所形容的低溫。

有時候，太過艱澀、嚴肅或教條式的用語、內容或態度，只會造成彼此更加疏離。而藉由攀登裝備的互動，小學生當下就能體驗穿著笨重的裝備，還得在高山上行走、攀登，肯定舉步維艱，便能理解攀登珠穆朗瑪峰需要很大的耐力、毅力與忍受生活上的種種不便。透過每一場演講，我也漸漸體悟不僅是小學生，人與人之間，若能以同理心相待，相信許多人事物衍生出來的問題，都能因相互包容體諒、迎刃而解。

＊　＊　＊

臺灣受少子化問題衝擊，各級學校招生人數逐年遞減，各年級班級數越來越少，許多偏遠地區小學因應教育資源整合而廢校了。

二〇一九年八月，《自由時報》電子報一則新聞標題：「孤單開學日　桃園復興光華國小僅1名新生」——吸引了我的目光！

這所位在桃園市復興區、與世隔絕的超微型小學——光華國民小學，地處海拔一千公尺的山上，當地居民與學生大多是泰雅族人，加上近年來受到少子化及人口外移影響，可以想見學生人數只會越來越少，這對臺灣各地偏鄉學校來說，算是很普遍的現象。

記得那年，我必須開車來回七小時、只為一個半小時的演講行程，當時光華國小全校還有二十四名學生哩～我的小學時光在新北市雙溪區（以前是臺北縣雙溪鄉）度過，雖屬鄉下小學，每個年級至少有甲乙丙丁四班，每班四十到五十名學生，全校約有九百多到一千名學生。那個年代的雙溪鄉，學生除了乖乖上下課，聆聽課外演講的機會真的不多。

偏鄉小學的學生通常都比較內向害羞，為了拉近彼此之間的距離，有時我會以如下方式開場：「大家好，我是秀真姊姊喔！我也有個表弟在念國小三年級……」接著問小朋友：

「大家都知道姊姊喜歡爬山，爬山要不要揹背包呢？」

「那麼背包裡頭要裝些什麼呢？」

「攀登聖母峰兩個月的時間，到底要怎麼打包東西？」

一邊提問，一邊帶動熱絡現場氣氛後，再分享我的背包通常會帶著兩種東西：一種是有形、看得見的登山裝備等；另一種則是無形的勇氣、毅力，以及親朋好友給我的愛與祝福。

對於行腳每一所學校的演講，我始終抱持著：路程遠、學生少都沒關係，只希望學校能給我充裕的時間，可以盡情分享生命閱歷，將自己的人生體悟傳達給這些流露燦爛笑顏的小朋友們，帶給他們一段溫暖、有演講可聽的童年記憶。

＊　＊　＊

這十年行腳臺灣北中南各地，前往各級學校機構分享生

對於偏鄉、資源普遍較缺乏的小學，看著小朋友天真無邪的童顏，總是特別心疼，因此希望盡己所能，帶給他們一個有演講可聽的童年。

命經歷，期間也感受到這些偏鄉地區的人情味特濃，好比在緊臨臺九線三三八公里處的臺東月眉國小，炎炎熱風拂面吹掠，小朋友的單純笑容最讓我流連忘返！這場演講特別感謝玉惠、惠芳及淑瑩老師的協助，儘管想久留與大家多聊，卻有另一場講座等著自己而無法如願；更感謝臺東山友們的熱情捧場、毛毛蟲兒童哲學基金會的溫暖接待！期待未來有緣再聚再分享～

還有在屏東枋寮國小分享「感恩與認識夢想」，臺下小聽眾們的活潑熱情，而且超有想法和見解，讓我覺得臺灣的下一代很值得栽培與期待；中場休息時也沒閒著，我們輕鬆聊聊家裡的父母親、談談彼此想做的事和夢想，彼此激盪、彼此鼓勵，這樣的感覺真的很棒！

多數聽過我演講的人，都知道我小時候既愛哭、哭聲又超大，肺活量鍛練得很棒，從小跑步、打球到登山等戶外運動，統統難不倒。一九九五年第一次登上聖母峰之後，於二〇〇五年考進玉山國家公園擔任保育巡查員，九年的山區工作中，除了山難搜救、抓「山老鼠」（指盜採、盜獵、盜伐者）、陪同大專院校相關科系進入山區做生態研究調查，還有例行性的山區巡邏……乍看像是徜徉在自然山林的懷抱，經常可以大口大口吸入芬多精，但這一切若不具備足夠的體能耐力、勇健的腳柱，恐怕就變成度日如年的苦差事囉！

不過是不是「苦差事」，就看自己怎麼定義了。當年母親為生活家計幫親朋好友帶小孩，我從小學四年級就跟著當小保母直到國一，前前後後跟著「經手」十個小孩之多，從幫嬰兒洗澡、包尿布到餵牛奶、抱小孩、揹小孩，鍛鍊不凡的肌力，這些差事在無形中讓自己的臂力、負重能力都比一般同齡者強，也造就我五年級擔任躲避球校隊隊長的能耐。

臺灣八〇年代的鄉下工作機會少，那時母親被倒會約三、四百萬臺幣，每天得搭五點三十分的第一班火車到臺北工作掙錢還債，我就得騎腳踏車載她到離家兩、三公里的雙溪火車站搭車；結果隔壁的嬸婆和我母親同一工作單位，母親要我也得載她，就這樣一天總得跑個八趟（來回四趟），腳力不好也很難。

我的「揹人功」和「鐵腿功」就是這麼訓練來的！更料想不到的是，小時候以為的苦差事，卻是滋養、鍛鍊我的肌耐力、筋骨韌性、耐壓性比別人更堅強的重要元素，這也是在小學演講時經常舉例，讓小朋友了解自身體能是可以一點一滴、慢慢累積出來的。

有些小學演講結束後，小朋友會上前對我按讚說：「秀真姊姊的演講好好聽喔！」當下整個心頭暖了起來，更有不虛此行的感覺飆升，暗自期許一定要再接再厲。小孩也是扮演撫慰大人身心靈最好的蜜糖，有時候，亦是提醒我們要不斷堅持下去的小天使、小菩薩！

有機會和小學生或坐或蹲或趴，以他們最自然放鬆的姿勢，願意和秀真姊姊一起談天說地聊心事，真的很棒！

改變侷限

別輕易錯失任何磨練自己的機會

最初，總是最緊張、也是最鼓舞人心且難忘！直到現在，我仍記得展開演講旅行時，第一所造訪的陽光國民小學！它是位在新竹市東區、網路流傳新竹最有特色的小學，也是至今已前往演講十多次的學校。

校園裡不僅有雅致的迴廊造景，還特別保留了相當完整的傳統三合院建築、土地公廟喔~有夠特別吧！還有近幾年成為當地知名景點的彩色瀑布溜滑梯，小朋友總是在此嚕個不停、玩得超開心。時節對了，也能遇見紫藤花開美景。

出版第一本書的時候，我回想自己如何從一篇五百字的文章寫起，期間一邊閱讀，一邊磨練文筆，後來能書寫千字、萬字，直到完成《挑戰、巔峰之後》的書寫！同樣的，從素人講者出發，一開始我不吝請教有演講經驗的老師們，該怎麼抓住小朋友的注意力，讓他們專心聆聽不搗蛋？如何擬定對他們有幫助的講題，抱著學習的態度來聽講？……等等，箇中摸索雖不容易，卻是我下山之後的挑戰，持續成長的學習機會，而這方面林林總總的分享，更是我開啟小朋友「啟動夢想」的法寶！

結下每年前往陽光國小演講的因緣，是某日於玉山步道巧遇當時就讀逢甲大學、並為登山社社長的政嘉，彼此留下了聯絡方式。我曾好奇詢問政嘉老師：為何會想找我來演講呢？政嘉老師因而分享自己考取教師資格的艱辛過程，喜愛登山的他，以攀登臺灣中央山脈的痛苦經歷來鼓舞自己並度過重重難關，他認為攀登世界高峰的登山者，勇氣與耐力、毅力不同於一般常人，相信也可以藉此激勵學生，所以邀請我前往學校分享。

走在山裡所結下的演講殊緣。

政嘉老師從事小學教育多年，經驗豐富的他，都會讓小朋友事先對講者有所認識，準備講者資料並導讀，以及教導小朋友如何發問，這和登山行前準備道理相同；準備越完善，了解越深入。

記得第一場演講結束後，有些不敢相信自己「真的辦到了」！改變原有的侷限，站在別人的立場、角度出發思考事情，是可以這麼貼近彼此。儘管對方只是害羞地笑一笑或勇敢說出：「秀真老師，我也想去爬山！」這種當下最真實的喜悅，都將成為邁向下一個目標的能量，也給了自己最大的鼓勵。

至今，我仍非常感激陽光國民小學的師生、家長們，是您們給予秀真第一次練講的機會，才有日後越磨越穩越閃亮的演講分享！

＊　＊　＊

在生命首部曲《挑戰，巔峰之後》這本書中，曾提及自己覺得心中的人間天堂就是梅峰，原本想在那裡工作到退休，卻被「生命小飛俠二號：阿雄」提醒：「如果妳只是想在這裡退休，我不相信妳是爬過聖母峰的人！爬過聖母峰的人，應該比其他人更具有生命勇氣才對。」

阿雄的一席話，讓我的生命再次轉彎，克服萬難成為玉山國家公園第一位女巡山員！之後也才有機會參與世界七頂峰團隊，接受大山大水的洗禮，拓展更寬廣的因緣和視野。

任職於玉山國家公園那幾年，我也慢慢愛上南投的恬靜與純樸，決定將生活住居遷移到此。演講旅行的其中一站，便是造訪美麗山城——埔里的忠孝國民小學。記得那天迎著晨光，從國道六號下埔里交流道，沿鄉間小路拐了幾個彎，剛開始還走錯路呢！後來問了柑仔店老闆、早餐店闆娘，才駛回正途，也對當地濃厚的人情味，印象特別深刻。

一到學校，陳主任熱情接待至演講會場。原本對學生不到百人的鄉村小學的觀感是：特害羞、靦腆、不敢發問。但整場演講過程中，小朋友竟專心聽講到不想下課休息，而且回答問題非常踴躍、正確，反應熱烈，完全超乎自己的預期太多了。更令我驚喜的是，這所小學也有巧固球隊，還得過冠軍喔！不禁回憶起自己也曾是國中巧固球校隊，和隊友一起參加比賽，培養了極佳的團隊默契和深深友誼。

演講結束後，被熱情活力的小朋友們團團包圍，姊姊長姊姊短地要聯絡方式，心中感到十分喜悅。當下那一刻告訴自己：再遠再小的學校也絕不能遺漏任何一所，並且要用心盡力去分享生命經歷和體悟。

書寫、整理生命二部曲的同時，特別要感恩屏東科技大學黃美秀老師的團隊提供臺灣黑熊生態影片，讓我運用在各級學校演講的簡報中，透過亞成熊不大不小的體型，對孩子們適時提問：「這是大熊還是小熊？」多數都會回答小熊，然而答案是中熊。接著反問大家為何不是小熊？這次孩子們很快地給出如下答案：「因為小熊身邊應該會有爸爸媽媽。」

我順勢解釋熊媽媽會躲在樹下偷看，主要是觀察孩子是否可以獨立了，爸爸媽媽能否慢慢放手了……顯然影片中這頭中熊距離獨立還差那麼一點點，由此叮嚀小朋友回家記得先看看自己的床鋪、房間有沒有被槍掃射過（東西堆得亂七八糟樣），出門有沒有穿得哩哩拉拉、忘東忘西的。這麼提醒，主要是讓孩子們站在父母的角度去思考：自己目前的行為與狀況是否能夠獨立，否則就不應該嫌老爸老媽一直碎碎念喔！

發掘心中聖山

啓動小朋友的想像力

累積多年的演講經驗，經常與小學生接觸之後，我發現：千萬別低估他們用字遣詞與想像能力！大人應該培養耐心，允許小孩有犯錯的時間與空間，從中慢慢引導，而不是馬上粗聲粗氣給予指正、訂正、糾正喔～

二〇一九年前往臺中市豐原區的南陽國民小學演講，據說它是臺中招生人數最多的小學，校園的西北側是豐原神社遺址，一九三六年鎮座，還保存著石燈籠、狛犬、地基，目前做為地下停車場使用。

演講之後收到一份裝訂成冊、題名「攀登生命的巔峰」的四年級學生聽講心得，將近三十位小朋友把收錄在國小課本的一篇文章——關於秀真姊姊攀登

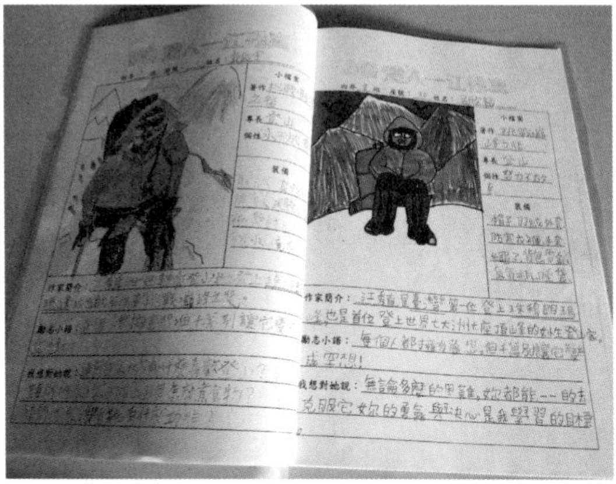

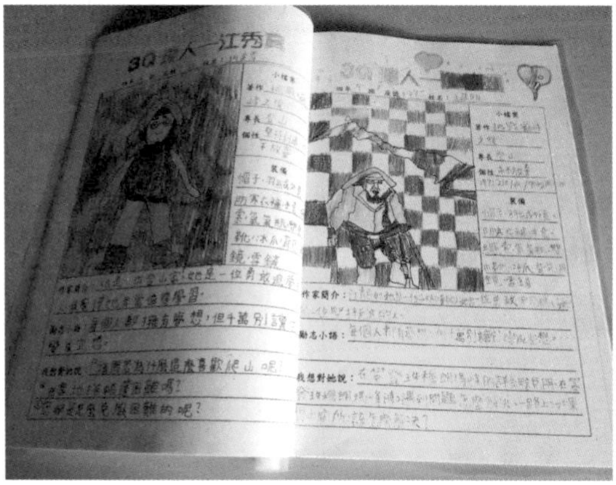

多年來小朋友的聽講回饋成了我滿滿精神資糧。

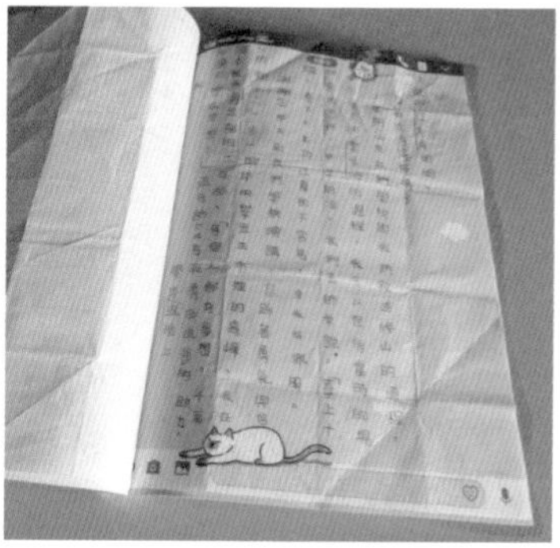

世界高峰的故事重點摘要出來，包括個人簡介、我的著作及個性專長、勵志小語，還有想對我說的話。

在勵志小語一欄，一大半學生都填寫「每個人都擁有夢想，千萬別讓它變成空想」這兩句話，獲得壓倒性勝出！也有一名學生獨具慧眼，說我在「危急時刻仍不忘感恩」……那一刻終於知道：小學生並非總是粗心、沒耐心，只是需要大人安靜聆聽，就會發現他們的不一樣！

＊　＊　＊

同樣位處臺中市的豐田國民小學，在演講後，級任導師將班上多位學生手寫的感謝信彙整予我分享、留念，其中有個學生說我能登上聖母峰兩次，又被稱為「離天空最近」的女性登山家，想必一定要做很多訓練，真辛苦！

我想對小朋友們說，秀真姊姊走在為夢想前進的道路上，身體有時難免感到些許疲憊艱辛，但精神與心靈始終是充實快樂的，因為我知道自己的目標是什麼、方向在哪裡，就像俗話說「把吃苦當吃補」，從小到大，我一直是這麼鼓勵自己，而這也是在演講旅行中，有機會我就與小朋友分享的觀念。

八〇、九〇年世代，或之後出生的年輕人，生活在臺灣經濟已堪稱穩定富足的社會，父母大多將他們當作寶貝來疼愛、栽培，捨不得讓其吃苦，少有讓他們練習「獨立思考」、體會「分享即富足」的感動。

這次豐田國小學生的真誠表達與回饋，除了非常感佩級任導師的用心帶領，在和小朋友的真心互動中，也讓我覺得「行腳臺灣．演講旅行」這件事值得繼續走下去！

＊　＊　＊

臺中南陽國小學生的回饋，讓我知道：別低估小學生的想像力！臺南龍潭國小則讓我驚訝發現：不要小看小四學生的提問力！

位在臺南市永康區的龍潭國民小學，我前往該校演講時，學生分享自己巧手彩繪、精心編製的「圖卡山冊子」——小冊子封面寫著《攀登生命的高峰》，封底還有「龍潭四甲電力公司 出版」的可愛字樣，是不是很有創意呢！

他們除了在圖卡內頁手寫閱讀《挑戰，巔峰之後》這本書、印象最深刻的部分或是最喜歡的話，還加上手繪插圖與世界七頂峰位處哪一洲、山峰名稱、海拔高度多少，更進一步延伸創意，新創了作文山、知識山、互助山、運動山、鼓勵山、閱讀山、慈悲山、勇氣山、文學山、親情山、友情山、夢想山等詞彙，還有學生分享道：「我的那一座聖山是『羽球山』，因為每一次打羽球都可以帶給我一股力量，讓我可以度過難關。」是不是超有想像力！換作是我，都不一定想得出來。

另有學生說他想要成為別人的「鼓勵山」；也有人說他心中的聖山是「親情山」，因為親朋好友、師長同學們無私的愛讓他無比感動；還有學生跟我分享心中的聖山叫做「閱讀山」，「書」是他一生中最講義氣的知心好友……如果透過演講與個人著作，啟動小學生對崇山峻嶺產生美好的第一印象，進而願意去親近山林，了解以臺灣特有的天然資源優勢、成立一所登山學校是必須的，這樣就太好了！

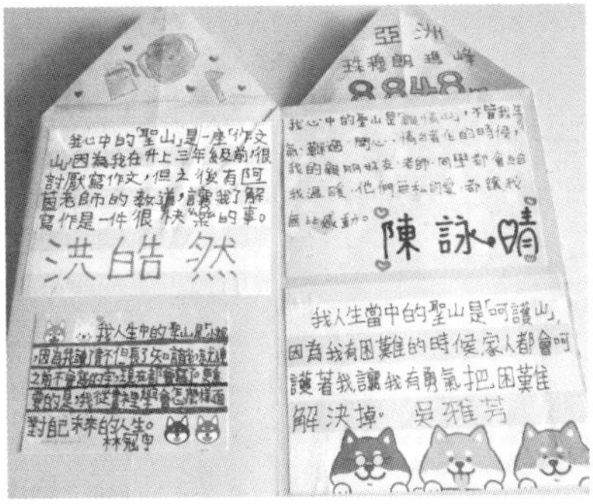

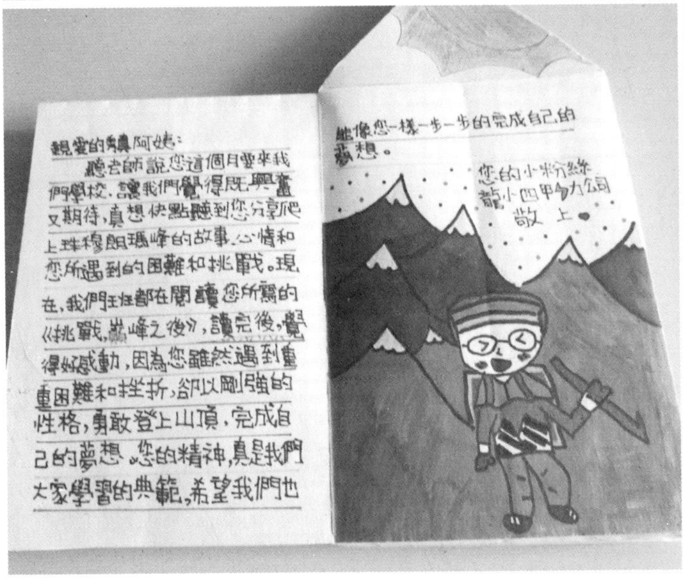

收到這份創意無限的卡片山禮物，除了對小朋友的提問力感到佩服，他們的想像力同樣讓人驚豔！

我細讀每一封寫給「親愛的秀真阿姨」的書信最後的提問：

- 您在成立登山學校時有什麼想法？您有設定哪些目標嗎？
- 是什麼樣的力量支持您到每一所學校分享？
- 請問您是怎麼把害怕轉變成力量？
- 當您登上珠穆朗瑪峰的那一刻，您有嘗試和「她」對話嗎？
- 如果左邊是夢想，右邊是家人，您會選誰呢？

諸如此類的大哉問，都是由小四學生所提出，真的讓我很驚訝！

臺灣的山水環境是滋養孩子們成長的明鏡寶庫，也是我在演講旅行中不忘引導小學生要珍惜把握的大自然資源，更提醒家長們有時間，要多帶孩子們親近自然，讓他們保持健康澄明的心境，啟發不受侷限的想像力，看事情、提問的角度也才會精準明確。

不進則退

唯有出發，才不會一直原地踏步

臺南市建功國小的臉書曾出現如下幾句話——

「本校107學年度畢業生即將前往合歡山登百岳，攀越巔峰行前第一課由臺灣第一位完成攀登世界七大洲頂峰的女性——江秀真老師揭開序幕。」

非常感佩建功國小王校長願意帶頭鼓舞畢業生攀登臺灣百岳的勇氣！我相信，如此不同凡響的畢業賀禮，學生們應該一輩子都忘不了！

我的小學時光，在新北市的山中小城——雙溪，四周山林環繞、溪水淙淙，下課後或暑假期間，經常和三五同學到周邊樹林採果玩耍，或是到溪邊戲水抓魚蝦……童年時期，因著周邊就有的小山小水自然環境，覺得每天都過得饒富趣味。

相對於從小在都市成長的小孩，若不是父母師長有心帶領，應該多數時間都沉浸在教科書裡，鮮少有機會親近大自然吧！

十五歲那年參加救國團辦的登山活動，可說是我爬山的初體驗，並從此愛上登山健行這類戶外運動。三十多年來，感恩在攀登過程中，每一座大小山峰教會我的事，同時期許自己將這些收穫持續分享出去。

因此，在得知建功國小舉辦畢業生「前往合歡山登百岳」的活動，據說他們還相約三十年後的同學會要再登一次，並邀約我同行，除了大感動，忍不住豎起兩根大拇指按讚連連！當他們分享登上合歡山主峰／三四一七公尺大合照時，我有感而發地書寫如下詩句，真心祝賀他們勇氣可嘉，願心圓滿。

建功國小的師長願意帶領學生們一同攀登、感受臺灣山林之美，這樣的畢業賀禮真是難得，相信也讓小朋友畢生難忘。

合歡山上雲雨霧，建功國小遠來訪；
風吹草動景來現，真實體驗永難忘。

＊ ＊ ＊

再次前往建功國小演講時，我分享：「唯有出發，才不會一直原地踏步！」據說這句話深深影響了建功國小一位劉同學，他以此為靈感畫入創作繪本《我拚了！》一書中。

劉同學曾以《口水大王》繪本作品榮獲羅慧夫顱顏基金會舉辦的「用愛彌補兒童文學獎」金獎，之後再度以《我拚了！》蟬聯金獎！

建功國小的遠芬老師後來分享如下：「金獎作品都要戲劇表演，如果秀真姊本尊可以一起參與，一定超棒的！轉達秀真姊時，她一口就答應了，小朋友知道後，簡直不敢相信能和偶像一起演出，真是樂翻了！

「果然秀真姊本尊一上場，便是全場的高潮，還有一小段跳舞，她笑說：『比聖母峰還難！』孩子們的戲劇表演更是滿滿亮點，看得出校長、老師、同學、家長們的齊心合力，好感動啊！」

那天，其實我什麼事都沒做，卻感覺幸福滿滿！不禁想起《最後的演講》（方智出版）作者蘭迪・鮑許說的一段話：「實現兒時夢想是非常令人興奮的事情，可是隨著年齡慢慢增長，你可能會發現，幫助別人實現夢想其實更加有趣。」

因演講而啟發小朋友登山的夢想。

江秀真

第一本著作能讓小朋友閱讀得如此用心仔細，一切都值得了！

確實如此，近年在戮力推廣登山教育學校理念之餘，碰上自己有能力協助的人事物或計畫時，只要能力所及，都會盡力參與。大家應該聽過由兩位臺大學生近年在尼泊爾創辦的「遠山呼喚——教育種植計畫」，二〇一九年因學生上學路程艱辛，亟需募集兩輛校車的資金，接送當地貧困小孩上下學，而我很榮幸能參與募資影片錄音，為此跨國進行中的教育計畫募資盡一份心力。

攀得越高越謙卑

從差一點「GG」，學會把困境當好朋友

第一次攀登珠穆朗瑪峰，發現自己像是蛋糕上的小螞蟻！

每一次攀登世界高峰都不能等閒視之，行前訓練更是堪稱鋼鐵人培訓等級。記得第一次爬珠穆朗瑪峰在準備與訓練階段，我每天跑步十公里，連續兩天休息一天；還有攀岩、溯溪、負重、低氧訓練、高山醫學、糧食打包等訓練課程安排，每個月第三個星期日接受教練測驗，經過一年半的時間集訓後，才啟程前往。

進入真正的珠穆朗瑪峰山區，高山上吃的穿的住的、洗澡和上廁所等，是小朋友最感好奇的部分，因為置身在海拔高處，吃喝拉撒睡的方式顛覆一般人

的觀念，跟平地住家裡的生活樣貌完全不一樣。特別是上廁所——在阿空加瓜峰的露天馬桶，嚮導會集合所有登山者說明使用規則：「各位山友們，待會兒上廁所要注意遵守『乾濕分離』的原則。」

明明就一個馬桶如何乾濕分離？此時，學長要學弟先去看看馬桶的構造，是否和鴛鴦鍋一樣中間有隔間，學弟近距離看完並回報：「學長，只有一個洞。」

學長大聲說道：「啥？只有一個洞！」

當地嚮導說當然只有一個洞，而且只讓大家上大號！

「那小號要去哪裡上呢？」

「小號啊……你愛上哪裡就上哪裡！」

有人還是聽不太懂，便舉手發問：「嚮導嚮導，我們教練不是這樣教的呀！」

「那你們是怎麼教的？」

「教練發了把小鏟子要我們挖貓坑，大小號全上在一起，然後埋起來，這裡不行嗎？」

教練先問：「你們從哪裡來的？」

我們異口同聲回道：「臺灣。」

亞熱帶和我們溫帶國家的處理方式的確不太一樣。沒關係，要按照教練教的，我也不反對。不過我想提醒你們，那山區要喝的水從哪裡來？

通常小朋友會回答：「尿！」當場所有人又都笑翻了，但也會有小朋友很理智地說：「雪或冰。」尿，當然也是可以，但它通常是在緊急的時候才來喝（例如：山難、海難、地震……沒水喝的時候，能夠變成救命水。）

後來學長要學弟負責去挖冰回來營地，學長則負責煮水給大家飲用，沒想到才煮到第三鍋，學長臉色發青冒冷汗，直呼：「學弟你給我進來！」

學弟嚇壞了，一臉驚慌問：「學長……花生什麼事？」

學長：「花生？我還土豆咧花生，你給我看看鍋子裡浮上來那個是什麼？」

只見芋頭、番薯都漂浮在上面……

我經常以北極與南極洲登山活動「便便」大不同的影片吸引小朋友的目光，並從中引導他們理解環境教育的重要。同時，也讓孩子們知道平地和山區環境、便利性與資源取得可是天差地別！從今以後，他們回家看到廁所的馬桶，肯定會覺得馬桶真是太珍貴可愛了～

通常說到這裡，小朋友們基本上已經笑翻、笑累啦，小腦袋瓜也裝不了東西了，因此直接為孩子整理從出發到登頂珠穆朗瑪峰的重點如下：

一、發現行前訓練非常重要。

二、過程必須忍受許多生活上的不便。

三、經歷一切才更清楚自己不足的地方，或需要充實更多相關知識技能。

四、在大自然裡自己實在很渺小。

然而精彩的才正要開始，世界七大洲最高峰的攀登過程最驚險的一段──就是我獨自撐過南美阿空加瓜峰兩天兩夜的暴風雪，面對可能失去生命的真實片段，我想嘗試聽聽小朋友有何回應。

一開始我用較輕鬆的方式帶過，同時主動提問：「如果帳篷裡的人是你，你會如何面對？」結果各式各樣的答案都有，例如要秀真姊姊挖地洞出去、發呆、靜坐，甚至透過圖畫，結果小朋友竟然天真的畫了一堆萬能的裝備，如水壺還能自動加水、食物會自己變出來……等等。

最後，我以親身體悟與他們分享──冷靜思考就能幫助自己脫離險境！雖然差一點就「GG」，卻也更讓姊姊懂得珍惜生命，學會把困境當成好朋友！

登頂！行程才完成一半
願意分享和鼓勵，讓生命更加富有

再登世界七頂峰，期許未來成立臺灣第一所登山教育學校！

一九九五年，首度登上世界第一的珠穆朗瑪峰；二〇〇五年，取得「歐都納攀登世界七頂峰活動」隊員資格，非常感恩能在二〇〇九年再度登頂成功！

那幾年，我一直前往海外挑戰世界高峰——父母親會不會擔心？心理壓力大不大？他們究竟是贊成或想阻止？

其實，每個人在完成夢想的過程中，都需要親朋好友的支持與鼓勵。在小學演講的互動中，我會播放一段出發前、父母特別前來送機的影片，並發出如上提問，引導小朋友思考，練習體會父母親的關心與擔心。

影片播著老爸老媽在機場出現那一幕。只見老爸眉頭深鎖，為了不讓他擔心，我也一派輕鬆地說：「我會很小心，安全第一、安全第一……」一邊叫他不要煩惱，一邊安撫他：「我去基地營炒米粉，拍那個炒米粉的狀況給你看好不好？」這樣他應該就比較放心了。

老爸是不擅言詞的老派男性，只簡單幾句表達他的想法——「安全第一啦！麥亂武啦……」

「我哪會胡白武，是麥武蝦米?!」

影片這一幕讓小朋友明白家人支持對個人圓夢的重要性。但如何讓家人支持自己呢？尤其是從事具風險性高的活動。

幻燈片接下來跳出我在基地營廚房炒米粉的畫面，對應著感謝家人的支持；我用這樣「說到做到」的方式，回應臺灣親朋好友對我的相信與放心，也讓小朋友們知道——你希望爸媽能聽你說話，相信你所說的，那麼你平時就要誠實以對，做好自己分內應該做到的，譬如乖乖寫作業、答應父母的事情就要守信用。

攀登一座高山，抵達頂點之後就大功告成了嗎？其實，「登頂」僅是完成行程的一半！原因為何，我在第一本書中有相關說明，而我也會反問小朋友：「既然已經爬到最高點，為什麼才完成一半呢？」

＊　＊　＊

小朋友就會異口同聲回答：「因為還要下山！」嗯，大家都好聰明，而且有認真閱讀秀真姊姊書中的分享。

根據統計，山難多半發生於下山的路上！因為此時體能已消耗大半，精神較鬆懈、陡峭山坡在下山時也不會變成緩坡；當體能消耗一半以上，下山的步伐更要小心謹慎才是！

我接續問小朋友：「登頂、挑戰巔峰……完成夢想之後要做什麼呢？」小朋友的回應總是既熱情又可愛，有的說：「退休、休息耍廢……」有的說：「繼續加碼！再找新的夢想……」

對我來說，「下山」才是挑戰的開始。從雲端回到人間，也是行腳臺灣分享生命體驗、推廣登山安全教育使命的起點！因此經常以患有多發性硬化症的美國溫蒂小姐攀登南極文森峰為例，她想透過自己完成世界七大洲最高峰的攀登行動，來鼓勵其他陷入困境或生病的人。

我以溫蒂小姐為例，提醒孩子們：將來如果你有能力，記得永遠保有一顆純真善良的心，經常與人分享、給人鼓勵，這樣不僅能協助別人，也能讓自己獲得快樂，讓生命更加富有且具意義！

鼓勵與分享，不一定要有錢才能做。多說鼓勵的話，凡事以善意為出發點，就能獲得滿滿的正能量，這也是我個人近年來的真實體悟——帶著所有人給我的支持與鼓勵勇往直前，期望未來能成立臺灣第一所登山教育學校。

登山這件事，始終帶給自己無限的熱情，更決定走遍全臺灣訴說生命故事。

給彼此機會蛻變

獨立是學會照顧自己，體貼是懂得關懷他人

二〇一七年六月就和乾媽開始計畫，在我八月順利完成臺灣大學大氣科學系碩士學位，要騎腳踏車環島來慶祝畢業。這個為期十五天的單車環島計畫，由六十八歲的乾媽和大兒子策畫，預計八月二十六日從新北市三重區出發，九月九日回到三重。

消息一傳給表弟阿漢，他躍躍欲試想參一腳，問題是學校九月一日就開學了，請假與否讓他很掙扎，也變成他的最大麻煩——第一關就是他的母親，平常小舅媽就很要求阿漢的品性、課業……嚴格的管教方式也讓阿漢怕怕～更別說要他開口說服小舅媽。於是阿漢跑來找我求救——

「姊姊，我真的很想和你們一起騎腳踏車環島，可是我怕我媽媽不答應。」

我回答他：「你跟媽媽說了嗎？」

「媽媽很兇，我不敢說。」

最後，當然是我主動去拜訪小舅媽——

「小舅媽，八月底我和乾媽、乾媽的大兒子，還有兩位夫妻檔朋友，準備以騎腳踏車環島來慶祝臺大碩士班畢業，阿漢也想參加，不知您的看法如何？」

「秀真，之前隱約有聽妳和小舅舅在聊環島一事，確定要成行啦！」

「對啊！再一個月就要出發了。」

「阿漢喔……不是我不讓他去，也知道你們都會照顧他，主要是他要升國二了，一開學就請假課業會跟不上；他從未這樣離家多日參加活動，而且他晚上睡覺要點燈（天啊！怕黑喔～），你看他一副大塊頭（虛胖），萬一半路騎不動，給你們帶來困擾，種種問題……還是不要讓他去比較好啦！」

於是我約阿漢出來聊聊，將小舅媽對他的擔心與疑慮告訴他。

他聽了覺得有些委屈，苦笑道：「媽媽都不了解我！其實我已經偷偷練騎一陣子了，每天早上四點從新店騎到淡水來回（小舅媽和舅舅在菜市場工作，每天都很早出門），而且為了想騎車環島，我也戒掉晚上睡覺開燈的習慣了，只是跟學校請假這部分真的很麻煩……」

的確，就是因為彼此只用猜測或自我觀感去認定對方就是這樣，缺乏溝通與分享，導致許多誤會不斷存在。勇於表達、願意溝通，才是讓彼此更加了解的好方式。

後來我找時間和舅舅一家人詳細說明騎車環島的行程，和小舅媽商量讓阿漢列為隊員之一；礙於學校開學，所以只給阿漢騎五天，到臺南時讓舅舅載他回臺北準時開學，最後一天則讓阿漢來外婆家會合，大家再一起騎回臺北畫下Ending，就此完美定案！

青春期的孩子容易陷入害羞、猜測、自以為是……等等情結裡，家長如果只是一味地強硬管教，往往會產生反效果，讓彼此的關係更加緊張或決裂。

* * *

表弟阿漢的五天單車環島行，讓我看見他的蛻變。

第一天出發，我們一路順行，晚上住在竹北的民宿。隔天一早集合時，卻不見阿漢，問了男隊員，他說：「阿漢在蹲廁所一個多小時了。」（難道掉進馬桶了？）

正要上樓去關心，只見阿漢匆忙下樓，我問：「怎麼啦？」他一臉抱歉地解釋：「姊姊不好意思，第一次出遠門有點緊張，大不出來！耽誤了時間……」

「沒事、沒事！或許慢慢就會習慣。」

接下來一路觀察阿漢的表現，更證實了——孩子需要離家才有機會長大。平常就喜歡接觸機械、電器的阿漢，沿途已經能夠主動協助隊員修理維護腳踏車、幫輪胎打氣；直到第五天，舅舅的車出現在臺南麻豆，準備接阿漢回家。看見舅媽想念兒子的模樣，隊友們直呼：「阿漢很棒、超級貼心的小孩！」紛紛鼓勵他明年繼續騎完全程，便揮手道別。

隔天小舅媽開心來電，興奮地說：「阿漢回家後變了個人似的，很多家事都主動幫忙，也樂於和我分享事情，忽然間長大了。秀真，真的謝謝妳，還好有讓阿漢跟你們一起去騎車。」

其實，有機會讓孩子短暫離家生活些許日子，才能體驗與在家不同的環境、實際接觸不同的人事物地，有比較和練習思考的機會，自然會成長得比較迅速。

推動善循環

單車環島巧遇，共創演講回憶

二〇一七年，完成臺大大氣科學系碩士學位，前進夢想的腳步更往前，和親朋好友相約騎單車環島慶祝，途中在一家便利商店稍作休息時，巧遇臺南後營國小的學生。

小朋友眼力好，竟從被收錄在國小課本的文章及照片認出我來，天真直率地帶我前去拜訪他們的校長。校長非常熱情歡迎，當下邀約我前往後營國小演講，就此定下了行腳每一所學校第一千場次的演講。

這幾年在臺灣各地演講的行程中，也經常巧遇曾聽過我演講的聽眾打招呼，熱情與我相擁合照、話家常，內心除了感動，更感恩大家溫暖相挺，不斷

2017年單車環島的巧遇，結下第1000場學校演講。（後營國小）

鼓勵我為成立登山教育學校前進。

如同《牧羊少年奇幻之旅》（時報出版）作者保羅・科爾賀所言：「當你真心渴望某件事，整個宇宙都會聯合起來幫助你完成。」對此，我有很深的感悟與體會，而這也正是正面能量與善的循環，不是嗎！

我總在讀者遞書要求簽名時，寫下「勇敢追夢」四字，鼓勵大家別害怕做夢，因為，擁有夢想是一件很美的事！人生有夢，築夢踏實。只要不是空想，敞開心懷去追尋，過程中遇見的人事物，都將變成你成長精進、滋養心靈的養分。

＊　＊　＊

兌現第1000場學校的演講，
再次回到臺南後營國小。

二〇一六年九月，曾到屏東加祿國民小學演講，當時以「雲端上的行腳—實現夢想的力量」為演講主題，分享自己攀登世界高峰的生命體驗之外，透過與小朋友互動問答之間，傳達「每個人都有夢想，但千萬不要讓它變成空想」，看著一張張天真的笑顏，雙眼閃爍著靈動神采的小朋友，總讓我感到滿心歡喜。

這回在慶祝完成碩士學位單車環島旅行中，途經加祿國小，很開心學校老師還記得，因此特地騎進校園和孩子們相聚，重溫一下童言童語的單純美好。對於小朋友要求在亮眼

行腳臺灣各地演講，
讓我結識了許多大小朋友，
有時在某一生命交會點，
大家有緣再見，
都值得留下彼此珍藏的記憶。

桃紅班服上簽名＋鼓勵話語，不論是胸前、肚子前或衣袖上，我統統滿足他們的巧思所想。難得的因緣，怎能不盡興一下呢！

學校老師謝謝我撥空為孩子們簽名、拍合照，為孩子留下美好又難忘的回憶。其實，應該是我要感謝這群熱情的師生，為我難得的「碩士畢旅單車環島」加添一段暖心回憶才是。

演講旅行回憶滿滿。

創造雙贏

放下「教訓」，先建立關係再分享

二〇一七年的教師節當天，演講旅行來到第九七五所、位在臺南市的歸仁國民小學。它是一所民國九年開辦、歷史悠久的學校，據學校老師分享，當年也出了一位世界大學運動會的「臺灣之光」喔！只是忘了回學校感謝恩師。

國民小學，可說是小朋友踏出家門，第一個拓展視野的生命場域。每一所小學，在每個孩童的心中其實是最有情感的；經過六年的培育、灌溉，才能讓我們成長茁壯。

母校的恩澤是教育的起點，我永遠感激新北市的雙溪國小曾經教導我的師長們！有的老師或許只有代課幾堂，卻影響我一輩子的思維；有的老師只是一句鼓勵的話，就讓自己勇往直前，成為人生座右銘，每當遭遇挫折，它就像指引我堅持走下去的燈塔。

那天演講結束後，我在臉書由衷寫下對師長們的感謝：老師，您辛苦了，祝福您教師節能量滿滿，初衷猶在，您所撒播的種籽遍地開花茁壯，一切就值得了。

＊ ＊ ＊

二〇一八年，演講旅行來自各方友人的促成：有朋友的小孩就讀小學四年級、同學在學校教書、朋友的侄子在學校當老師……諸如此類的因緣際會，讓「行腳每一所學校的計畫」在訪友、連結、分享與互動中，持續往下延伸、往外推展。

從小學、國中、高中到大學，每一場演講都至少講兩堂課的時間，許多人會問我：「妳到底在分享什麼？為何一場接一場說不完？不會跳針嗎？」

對於演講主題的擬定與內容的準備，通常我會先思考：站在臺上的人為何要上臺？當然是為了臺下的聽眾。講座的目的為何？就是能讓臺下的人聽懂、共鳴、相互交流或影響！和小孩子講道理，要用說故事的方式；和大朋友講道理則用聊天方式來拉近距離。千萬別以為自己是大人就一直用「教」的態度訓誡孩子們，這樣通常會產生反效果，如果能用同樣的年齡高度，先建立關係再分享，雙方都會有意想不到的收穫。

在成立百年的小學演講後，我也前往校史長達一百一十年的嘉義縣梅山國民小學分享，認識了正在校園努力推廣「七個習慣暨自我領導力教育」的邱文嵐校長，希望啟發孩子們的自主學習力，老師學會放手，學生則要學習設定目標，成為領導人。邱校長分享近四年來，每次的領導日活動都讓老師和家長看到以學生為主體，「處處是老師」的領導風範，大家都驚喜於這樣的成果。

因此有感而發，想起小學的恩師——蘇英田老師曾給予我一段很有影響力的座右銘：「難管的是任意，難防的是慣病，此處著力，便是穴上著針，癢處著手。」（語出呂新吾）若能從小養成好習慣，不論是品德、知識的涉獵、生活習慣等……長大自然就能成為全方位的人。

＊　＊　＊

二〇一九年十一月十四日這天，臺北市三民國小師生與哪一位作家有約？——就是

江秀真姊姊、阿姨或老師我也。哈哈，從雲端回到人間，展開行腳每一所學校的演講計畫，我的稱謂也多了好幾個。

非常榮幸能兩度受到邀請到此演講，當天分享攀登顛峰的極致挑戰，以及成功突破的歷程。四年級老師還準備了協同課程，事先請小朋友做好最充足的準備，期許他們能獲得更多的收穫，包含課文深究與延伸閱讀、現場筆記、問

題準備、蒐集作者資料等等，從過程中的專注聆聽、提問回答、重點筆記到課後的蜂擁簽名盛況，足見四年級小朋友是多麼歡喜地投入當天的課程。

這天也分享出發前往嚴峻旅程前與父母道別的影片，看著一向不擅言詞、眉頭微蹙的雙親，師生們都能深刻感受到親情的連結與挑戰夢想的鬥志，當時可說是內心的一大糾結與煎熬。但為了追尋長久以來的夢想，仍堅強選擇出發！同時這也是我在小學演講時，經常分享：「感恩惜福，親愛家人，是實現夢想不可或缺的信念。」

除此之外，我也透過多年攀登高峰、親身所見所聞，讓孩子們明瞭極地環境的維護多麼不易，啟發他們愛地球、珍惜大自然資源等環保意識；其次，讓他們懂得珍惜生而為人的可貴，要創造生命的價值，將來長大有能力就要多為生存的環境盡一份心力。

夢想不設限

青春無敵，不要連夢都不敢做！

剛進入青春期階段的國中生，就像毛毛蟲進入蛹期、到羽化成蝴蝶般的過程，處處是考驗，分秒在蛻變，需要有耐心又不嘮叨的陪伴，鼓勵勝過指正、訂正，「需要大人的信任」超過「自以為是的關心」，因此，懂得傾聽才是王道，才能有效扮演「青少年知音」的角色。

之前在《挑戰，巔峰之後》一書中，曾描述自己當年青春期的樣貌，那種既複雜又叛逆的矛盾心境，成長與蛻變理應是喜悅，心裡的苦卻宛如酷刑，無人能懂、無人能解，身邊竟無一人和自己站在同一方，彷彿被世界遺棄了……面對生理變化、逐漸加重的課業、師長同儕們的眼光、家庭生計問題等等，各方面催逼著自己不趕緊長大的沉重壓力，因而導致身心疲累不堪，對於才十多歲的年紀來說，確實是超過承受能力了。

尤其國中生普遍遭遇最大的問題不外乎是來自家庭，特別是父母親都期望這隻蝴蝶能夠是世上最美、最能飛，甚至是每次考試都能滿分的稀有品種，啥事都不用管，就是乖乖給我讀書，在學校科科考滿分、指考能達到滿級分最好！

想想，這樣的青春時光壓力還真不小啊！我試著回顧自己曾經負荷的種種，單以小學演講版本作延伸顯然不足，必須重新思考、製作符合國中生感興趣的演講專題和內容，還要摸索如何與國中生相處之道。

在短短一個半小時或一小時五十分的演講，最好還是以分享親身經歷的方式切入，但年齡的差距是騙不了人的，如何緊緊抓住國中生（號稱狗不理年紀）的目光和注意力，簡直讓我絞盡腦汁。

後來靈光一閃，不妨就從共同語言開始吧！青少年族群的網路習慣用語、流行用語，我努力搜尋，加上使用練習，自然地說出「GG」、「我已經句點你」、悲劇……剛好舅舅的小孩（我的表弟妹們）正值國高中生階段，特別是表弟和舅媽之間的相處，立馬成為最佳顧問及活生生的演講題材，且由此延伸學生以外的親職講座面向參考。

面對這群青春勃發的學生，我經常分享與提醒：人的一生究竟有多少時間能夠編織夢想？即使是白日夢又何妨！青春無敵就是做很白目、腦殘、幼稚、甚至無厘頭的夢，這不正符合天馬行空、亂夢一場的年少時光嗎？

話又說回來，你怎麼知道當下這個夢會不會變出一個科學家、知名作家、享譽國際的大廚師、躍上運動舞臺的金牌選手……淬鍊出各行各業的奇人異士，成為下一個臺灣之光呢？古往今來，從許多名人傳記、白手起家的故事中，這一切絕非不可能發生！

我經常鼓勵青少年有夢就去追，只要它是正當、不危害他人的，就要勇敢追尋，至少你不要連夢都不做！在一系列校園講座中，我總是傳達兩件事：

第一，今天聽完演講，回去要和爸爸媽媽說「謝謝」、甚至「我愛你」。希望讓孩子們明白父母的養育之恩並非理所當然，也間接透過他們替我轉達感謝之意，因為沒有父母辛苦賺錢讓他們到學校讀書，秀真姊姊就沒有這麼多的

小聽眾；期許自己這樣的「感恩緣起」示範，讓學生們知道完成夢想的第一步，就是「學會感恩」。

第二，未來當你有機會完成夢想、有所成就時，並非就此讓自己休息或要廢，而是要以親身體驗去鼓勵且分享給他人，進一步延續夢想的意義與價值。

叛逆也要勇氣！

做有意義的事，做少人做的事

「山並非高就最危險，生命考驗也沒有真正的通知單。我相信，每個人心中都有一座屬於自己的『聖山』，在漫長的人生路上，可以使自己脫胎換骨、淬鍊轉變。」

以上這段出自《挑戰，巔峰之後》書中的摘句，幾乎是我曾到訪演講的學校，師生們都耳熟能詳且感受很深的話語。

演講旅行來到第九七六所學校——高雄市三民國中，竟巧遇幾年前在彰化女中演講的臺下小聽眾！不過當年的高中生，如今已分發到這所國中擔任實習教師了。

記得當年在彰化女中的演講有兩千名聽眾，我再有通天本領，目色再好，也絕對認不得、記不住每位學生的長相啊～何況時光飛逝，女大十八變，我們要如何相認呢？

正所謂凡走過必留下痕跡！那時演講都有準備學生寫給講者的回饋單，我也有回覆給她們的明信片……這算是回溯當年事，彼此相認的信物、見證吧！真是好「逆天」的鼓勵！當下簡直感動得要飆出淚來啦～

每回演講旅行遇見這類溫馨小插曲，就像「卜派打開一罐菠菜補給」般，總會讓自己全身充滿能量。真的毋須想太多，只要是對的、有意義的事，做就對了！不要害怕做困難的事，不要擔心做少人做的事，因為所累積出來的，會是你意想不到的事！

當年的小聽眾，今日的為人師表，我們都在播撒教育的種籽，為自己所相信所堅持，持續努力著。

感恩苗栗造橋國中林育伸校長給予秀真正向鼓舞、肯定。

「生命最美的曲線，猶如登山一般高低起伏，這樣一來，我們才能學習調整，培養從容不迫的態度。」這是我在苗栗造橋國民中學演講時，所分享的一段話。

* * *

青春期，是每個人生命中的一個重要階段；一般人總是將「青春期」和「叛逆」畫上等號。回想國中時期，同學們下課後若不是去補習，就是三五好友相約去哪打發時間，或者回家休息、寫功課，我卻因為父母出外忙著賺錢、維持家計，要我獨自擔負起照顧弟妹的責任，還得自行張羅晚餐飯菜等等，能忙完家務事就阿彌陀佛了，哪裡還有時間「耍叛逆」！

當時的師長對我的家庭狀況不甚了解，誤以為我不專心於課業、喜歡搗蛋……對於那段求學時光，我心裡始終感到有些委屈。也正因為如此，面對中學生的青春期情緒反應，我期許自己能多一些理解與關懷，聆聽之外給予支持，有能力就多陪伴他們走過這段青澀、慘綠歲月。

* * *

前往雲林縣二崙國民中學演講時，我提到：

「沒有人一出生就什麼都會，是透過不斷學習，累積相關經驗技術，方能有所成。」

在十多歲的年紀，由於必須照料弟妹、煮三餐給他們吃，從市場買菜和撿菜販不要的收攤菜、清理各式魚肉，到端出一桌菜餚……我並非天生就會這些，而是為了生存，透過眼睛看、嘴巴問，再加上動手實作，慢慢堆疊出基本料理技巧來的。

我跟師生們分享：「學習和成長一樣，都需要

時間與耐心！就像亞成鳥要學習保護自己、愛惜羽毛；青少年也要練習保護自己，不要輕易跟同學打賭、動怒，因為意氣用事，最容易壞事！」

生命不過數十寒暑，你想揮灑屬於自己的精彩，就要勇敢嘗試；即使結果不如預期，也要勇於承擔。人生即將來到「知天命」的年紀，一路走來，我始終這麼鼓勵自己。

非常感恩二崙國中的老師在臉書上分享：「秀真老師身形不大，卻蘊藏無限能量；聽您講話，眼睛會發光耶～希望我們播下去的種子能夠發芽茁壯！」

堅持初衷

感動別人之前，先感動自己

攀登高峰的初心與夢想來自於童年時期看的卡通影片「小天使」，從小生長在亞熱帶的我，由此對高山雪景產生美好憧憬，夢想有朝一日要登上山頂賞雪！

到了十六七歲、高二那年的寒假，我透過班代爭取參加救國團舉辦的登山活動——雪山登峰隊，終於跨出登山的第一步，而這也是我人生中第一座攀登的臺灣百岳。

我始終相信心中有夢，努力爭取，築夢踏實，就會距離夢想越來越近。事實也證明的確如此——因為愛山的初衷，讓我一路往這個方向行進，沿途有好多貴人伸手相挺鼓勵，協助我勇敢挑戰，直到完攀世界七頂峰計畫。坦白說，過程中我沒有太多想法或猶豫，但求順心順勢，盡力而為！

演講旅行中曾遇到聽眾、讀者對我說：「秀真老師是臺灣之光，我好佩服妳的勇氣與成就，值得驕傲啊！」但我不曾因此自滿驕傲，「爬得越高，態度要越謙卑」，這是攀登世界巔峰教會我的事！

不過對於自己三十多年來的努力付出與經歷，倒是滿感動與感恩的——從個人攀登高山的熱情，到下山之後，轉而投入登山教育的推廣——我感動自己一路這樣堅持下來，也感恩諸天善神的護念疼惜、人間菩薩們的溫暖護持。

＊　＊　＊

演講旅行來到第九七七所學校——南投縣埔里鎮近郊的普台高級中學，特別感謝訓育組長的邀約，讓我有機會與臺下一千位的國、高中學生，一起共度美好的午後，過程中與學生有良好的互動、相應，分享起來也特別盡興。

普台高中校地廣闊，校園內，自然與人文的交集，提供國、高中生身心平衡的學習與成長環境。更難得的是，它擁有高規格的硬體設備如：設置全天域天文望遠鏡及星象展示廳的天文館，含括國學講堂、朗誦室、國學展示廳的國學中心，配合普台四語：英日法西的語言大樓，還有藏書十多萬冊的圖書資源中心等優質設備。

前往該校演講當天，從許多小地方得見校長領導有方，即使千名師生相聚一堂，依然展現相當優質的聽講態度。短短一個半小時的講座，雖然講者是自己，卻也跟著師生們再次體驗與回顧自己的生命歷程……當時「行腳臺灣．演講旅行」已經走了八年！完成近兩千多場的講座，有時講到深處仍是眼眶含淚，心臟蹦蹦跳，當下真正體悟到：感動別人之前，得先感動自己！唯有熱情不滅，初衷不滅，才能繼續勇往直前。

心中懷有熱愛的夢想，就該努力去實現！這是我在國小、國高中演講時，非常努力傳達且鼓勵年輕人的觀念。

從小運動神經發達的我，即使體育成績優異，曾被網羅加入田徑隊栽培，卻因要幫忙母親還債，家中兄弟姊妹國中畢業之後，全部都得半工半讀才能繼續升學，不得已只好中斷心頭醞釀已久、前進奧運為國爭光的夢想。

後來因緣際會愛上登山活動，從臺灣各地的郊山，循序漸進、步步踏實鍛鍊自我，直到登頂珠穆朗瑪峰。常有人問我：「登山很辛苦齁？」我也總是回答：

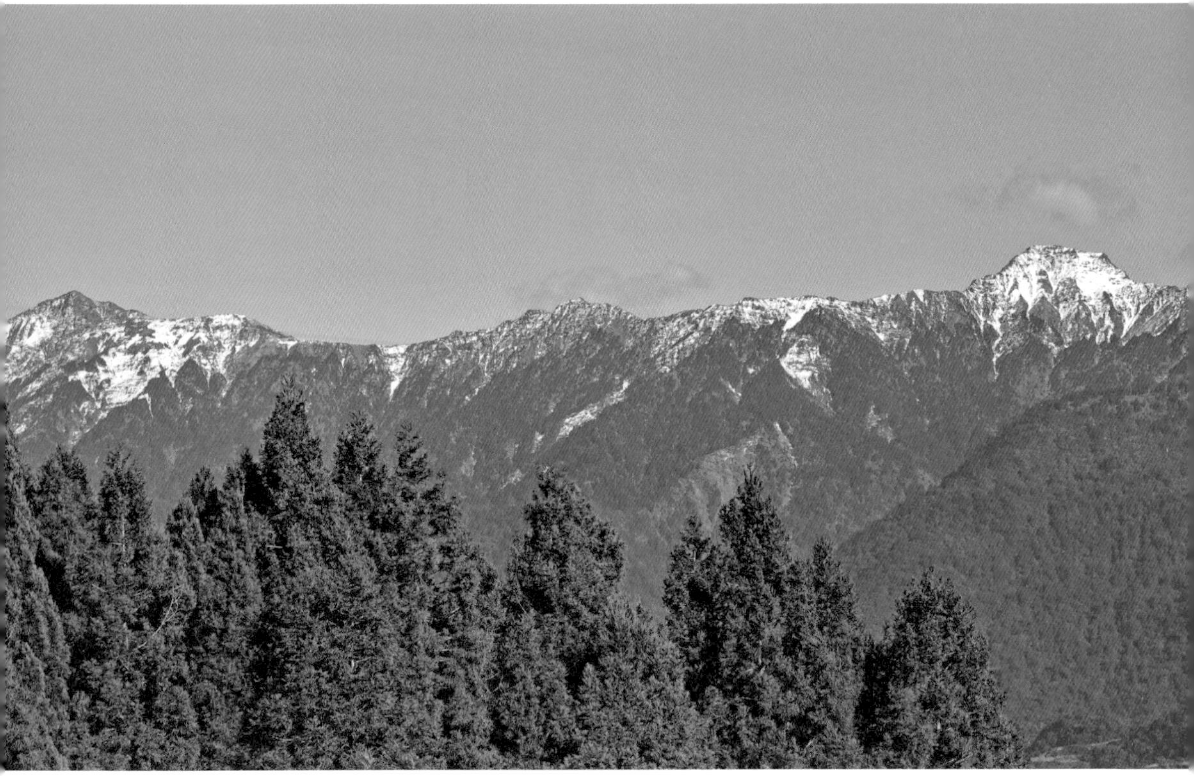

登山的辛苦會因美麗風景，讓身心靈有跳級般地獲得撫慰。

「是辛苦啦，不過我從中獲得的更多，現在還能分享自己的生命經驗來鼓勵他人，這樣很棒，就算有時感到些許疲累，一切都很值得，又有意義！」

我明白很多人不愛登山，有些認為山裡陰森、有魔神仔……等等心理恐懼而不敢登山。我曾在山區工作十二年的時間，也擔任過生態解說員，經常帶學員進入原始森林，學員因為急著上廁所，有時廁所沒上成，反倒被樹上的灰林鴿給嚇得以為是「鬼來啦」！每次分享這類體驗，大小學生們肯定笑成一團。

我也趁機機會教育，跟大家說：「天地萬物、自然山林都很良善，千萬不要自己嚇自己。只要你抱持謙卑之心，以及尊重大自然的態度進入山林，基本上都會平安無事。」

培養多角度思維

成功的相反並非失敗，而是什麼都不做

二〇一八年五月，日本一名年輕登山家栗城史多，年僅三十五歲，在第八次攀登珠穆朗瑪峰未成而身亡！他始終堅持「單獨且無氧裝備」進行攀登，在嘗試征服世界第一高峰的過程中，連續七次登頂失敗；二〇一二年的攀登中，更因凍傷而失去九根手指頭；直到第八次挑戰，最終沒能活著下山。

日本媒體寫道；「嚴酷的現實足以擊碎沒有扎實基礎的夢想與熱情。」

然而，他自己的想法又是什麼？

他說：「成功的相反不是失敗，而是什麼都不去做！」

站在父親的角度，又是如何看待兒子這件事？

「對兒子來說，比起交通意外，相信殞命在心愛的珠峰，總歸是幸福的

事。」

我希望年輕人能具備多角度的思維，對於媒體報導、專欄等，不是只聽一方說詞，而能多方看待同一件事，最後能有自己的看法。所以在演講時，我會舉栗城史多的登山故事，如果你是他的父母親？你的看法是什麼？如果你是栗城史多本人，又會如何看待登山這件事？

為何八次登珠峰都沒成功呢？是運氣不好？準備不夠？種種疑問讓人覺得老天爺沒有眷顧他？其實不然，從各方報導紀錄中發現：除了要網路直播登山過程外，他還選擇挑戰高難度路線，而這次他更挑戰珠峰有史以來被公認為最困難的西南山壁！可想而知，成功機率低、危險性高，重點是「八次」攀登世界最高峰，應該也沒幾個人能有這樣的「堅持」！

然而不同角度的切入，讓我重新思考父母親們的感受。就年僅三十五歲的日本登山家栗城史多的故事，曾在親職講座中提問：「各位家長，如果這是您的小孩，您的反應是什麼？」

有位媽媽直接回答：「我會瘋掉！」從這裡我們發現：的確，不同的角色各有不同想法和既有的責任被賦予、被侷限等，特別是父母親的擔憂是天性，總是一輩子；相對於年輕的心，感覺只有一下子。

在大社會的環境裡，每個人都盡量將自己的角色扮演好，真的沒有誰對誰錯的問題，只是各自見解，對親人的情感重視程度。不過令人佩服的是，栗城史多的父親，他用祝福的方式取代失去兒子的悲痛，值得我們深思。

＊　＊　＊

二〇一八年十月十二日在新北市立五峰國中的「親職教育講座」，以「前進時，我遇見謙卑」為主題演講，從手機面板立牌的講座資訊公告、夜間電子螢幕不打烊的講座資訊發送，完全能感受到學校輔導處團隊的超級用心安排！

超愛搞怪、個性變得很衝、說話不小心會傷到別人、遭受責罵會立刻反抗、自尊心特別容易受損的「青春時期」，正是我們每個人「轉大人」的一個過程；而這段時期，就是在鍛鍊我們的同理心、包容心、愛心與受挫能力！

我融入近年在嘉義中正大學成人及繼續教育學系博士班的課程啟發，彙整

不同的單位、地點的演講，亦產生多樣性互動，激發靈感。

如下演講大綱：探索學習、勇敢出發、山的磨練、遇見謙卑、自我期許，再以個人成長歷程為例，一階段一階段，與前來聆聽的家長、老師、同學們分享。

成長需要用時間堆疊，需要用耐心度過，家長要多給小孩一些時間。演講過程中攤開一連串學經歷，猛然驚覺自己居然擁有士農工商的豐富學程；小時的家境沒有機會讓我進補習班加強、順利考取大學，甚至可說是學習過程中的絆腳石，因為得半工半讀先幫忙家裡還債……但也或許因為這樣不同於一般人的磨練，讓我更珍惜每一次進學校就讀的機會，同時認清凡事得靠自己，鍛鍊出不求人的性格，這對於我日後投入男性居多的登山領域來說，顯見是有相當大的幫助。

演講後，學校老師也在臉書分享：

「秀真老師以長年登山的親身經驗，用生動活潑的方式與豐富的內容，結合了對現代親子關係的觀點，與現場家長們互動並產生共鳴，令在場所有人受益良多！激勵人心，精彩萬分！」

非常感謝學校老師們的邀請與不吝分享！您們一字一句的回饋，都是激發我持續前進的動力，感激不盡～

近年每到一所學校演講，我都會分享第一本著作《挑戰，巔峰之後》給該校留存。這回獻給五峰國中的題字是：「冷靜和專注力，通常是從險境中被激發出來。」希望以此與大家共勉！

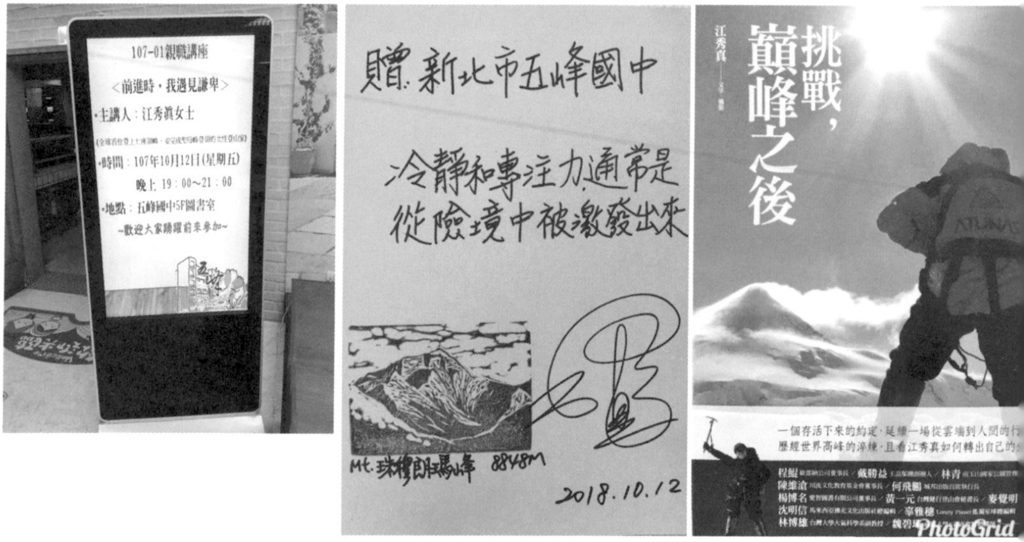

追夢是幸福的

不論你的夢想是穿高跟鞋或登山鞋

為了創辦登山學校，我知道自己必須再學習、再精進，為建立系統化的教材、教案做準備。

二〇一四年，我辭退玉山國家公園巡山員的工作，進入臺灣大學大氣科學系測計實驗室研讀，取得碩士學位；近年再考取中正大學成人及繼續教育學系博士班，演講中也適時將博士班課程進行式與大小朋友分享，說明自己未來想成立登山學校必須學習的相關知識，以及追求夢想必須努力的方向。

在臺大大氣科學系測計實驗室研讀時，參與一項有關臺灣高山氣象的研究，每兩個月必須上雪山一次收集氣象資料，分別是圈谷與三六九山莊簡易氣象站維護，並同時做冬季雪量的觀測、霧水收集等實驗。這對於從小喜歡雪的我簡直就是爽差，自然感到興奮不已！

追夢是幸福的，但也會疲累！這時該如何堅持？演講過程中，我會問小朋友：「雪山一年四季都下雪嗎？碰到不下雪的日子還會喜歡上山嗎？是什麼支撐自己勇敢追夢的？」雪山並非一年到頭都下雪，它的四季風情也很迷人——春季百花盛開、秋季紅葉滿山、冬天白雪靄靄……

但夏季呢？簡直就是熱到爆！特別是在沒有任何樹蔭遮蔽的稜線上，自己就會開始抱怨家裡有冷氣、電視、零食不待，幹嘛自討苦吃……有一回好不容易走進黑森林，涼風徐徐吹來，稍微平緩心中熱氣，正準備小歇一番，卻被突來一陣腳步聲給鎮住！對眼看去竟是一隻長鬃山羊佇立眼前，心臟頓時蹦蹦跳——我怕牠衝過來，而牠也怕我衝過去——就這樣，我們對峙了許久。

下一刻想起自己帶了單眼相機，趕緊連續按下快門，將眼前驚喜的這一幕永遠留存。從此，不論是春夏秋冬前往雪山，心底總是盼望著再與牠相遇。

從小喜歡靄靄白雪，是我不畏艱辛、勇敢挑戰臺灣百岳與世界高山的緣起和動機；若遭遇挫敗、不如意時，除了自我鼓勵，也會回想過程中一些值得期待的事物，讓心情變得爽朗、充滿正能量，這樣就能持續往前邁進！

＊　＊　＊

此外，透過播放挑戰世界七頂峰的影片，從各大洲的高峰美景、非洲的野生動物國家公園、南美洲阿根廷的探戈舞蹈、北美阿拉斯加的冰山冰河、大洋洲的峭壁繩索橫渡到世界最高峰珠穆朗瑪峰的壯麗……孩子們一邊發出驚豔叫聲，一邊直呼好美！

從非洲長頸鹿到野牛、當地孩童天真的笑容，到熱情的南美探戈……瞬間開啟小朋友對世界的好奇想望，各地的絕美山景、風土民情、歷史文化、生態環境，若能就此吸引他們的探索目光，無論有無因此愛上登山，只要能延伸成「追尋夢想的道路」，我都衷心祝福。

出生於重男輕女還算嚴重的年代，母親懷我的時候，一直希望能生下男孩，而我至今從未穿過高跟鞋。曾在演講中開玩笑地問小朋友：「有偷偷穿過媽媽的高跟鞋請舉手！」當下就有一堆小朋友舉手承認。再問：「穿起來感覺如何？」多半是不舒服，甚至還會拐到腳。

我想，站在伸展臺的模特兒或影歌星，他們並非天生就很能穿高跟鞋，除了美姿美儀等訓練，還得隨時站上磅秤量體重，吃東西對卡路里、熱量一再精算計較，為的就是保持好身材，將最美的體態展現給觀眾欣賞。

一雙高跟鞋重量多少我不清楚，但一雙專業的登山鞋（雙重靴＋冰爪）重達五公斤，卻是我參與登山行前訓練、堅持夢想不可或缺的基本元素！

最後我會跟小朋友分享：「不論你的夢想是穿著高跟鞋登上國際時裝伸展舞臺，或是像秀真姊姊一樣為了追尋登山夢想，寧可套上重達五公斤的登山鞋，都必須付出相當的代價，忍耐辛苦的訓練，才能堅持目標前行。當然過程中有苦有甜，至於到底值不值得？你自己會知道！

為登山專業而講

一人聽眾或現場爆滿，持續分享不斷

任職於玉山國家公園期間，有一次接了一場科技公司透過某公關公司邀約的講座，安排在科技公司下班後的時間舉辦。那天我向工作單位請了半天的休假，特地從南投水里一路北上，為演講赴約。

科技公司負責講座的接待人員在接駁車上提醒我：「江老師，真不好意思，我們這個廠的聽講人數可能不會很多，因為工作一整天下來，大家已經都滿累了……對於公司安排在下班時間讓員工再聽演講，採公告訊息，但並沒有強制，還請老師多多包涵。」自己也曾是朝九晚五的上班族，對這般苦處絕對可以理解，算是打了預防針，卻也不免感到有點小遺憾。

接待人員帶著我經過層層關卡，進入廠區的員工活動中心。先將演講設備、測試就緒後，就在講桌旁等待聽眾入座。之後過了半小時，只見員工進進出出，卻不見有人坐下來準備聽講，本以為大家可能先去買東西吃吧。

直到演講即將開始，終於有個女生進來坐在第一排位置，這場演講從頭到尾……沒錯，就只有這位聽眾！之前有很多人進來簽了名就先離開，原來是事情做不完、要寫業務報告，回去繼續加班……承辦人員一臉不好意思地當面跟我解釋。

天啊！這真是我演講至今第一次遇到的窘境了。雖然經常有人對我說：「聖母峰都登過兩次了，怕什麼？」然而，當下這狀況已不是怕不怕，而是自尊心和面子的問題。心想，這又是何方神聖給我的考驗呢？接下來，硬著頭皮、語帶從容的完成演講，內心的煎熬卻是持續延燒，對這般窘境真是不知所措……

晚上搭車回家途中，心裡充滿困惑、難受到無法排解，甚至開始懷疑自己行腳臺灣的演講計畫要繼續走下去嗎？這彷彿爬山，還沒攀上山頂就直接掉落谷底，滿身是傷。回到家，竟徹夜難眠，腦海裡不斷浮現只有一位聽眾的尷尬場面，整晚被這樣的思緒糾纏不斷，直到無法收拾的地步許久許久。

＊　＊　＊

我相信各行各業在運作時，多少都會有如此遭遇：一天只有一個顧客上門、一天只發出一張傳單或只賣了一杯咖啡等等，自信心、耐心、自尊心等，一次被打趴。身為講者或表演者甚至是廚師，暫且別說掌聲大小，盼的應該還是高朋滿座的場面，至於講師費、門票或消費單都已是其次了，看不見的榮譽感與自信心才是首要的。坦白說，當時的我寧可少拿、甚或沒有講師費，若能多幾位聽眾來聆聽，對講者都是最好的鼓勵。

這次演講經驗縈繞在我的生活裡好些時間，好像風濕病一般隨著天氣變化，就會隱隱作痛。日後雖因無數場次的演講磨練而慢慢學會釋懷，甚至到達無人聽也能講的超越境界。這也徹底讓我明白，演講對自己而言是志業，並非工作的清楚分野。

還記得前兩年，某家法律事務所也邀請我前去演講，結束後與事務所執行長稍聊、交換一些看法，基於一般人認為法律事務所和登山的專業並沒有直接的關聯性，便提問、請教：貴事務所為何想邀請秀真來演講呢？

執行長解釋：「我曾經到美國參加法律專業研討會，整整三天都在專業領域裡打轉，燒腦不打緊，有些內容甚至用枯燥乏味還不足以形容。但就在研討會的最後壓軸，主辦單位特別安排一位攀登過聖母峰的女登山家到場演講，由於不同領域、不同的生命視野與體驗，帶來許許多多前所未有的歷練，讓現場聽眾掌聲不斷，獲得滿堂彩。」

的確，有些時候先入為主、既有的觀念，反而容易導致我們錯過許多被啟發的機會。專業必須力求專精，卻也因此而侷限了真正的專業發展，若能將「專業」做跨領域的結合，除了自身可能獲得啟發，應該也能為社會帶來更多建設性的作為才是。

回想演講初衷，真的很簡單，就是樂於分享、鼓勵他人。只要有人邀約，不論多遠、任何單位、有無講師費，只要時間能配合，一定前去演講，截至今日依然如此，因為我已將演講當成生命旅程的一部分。

演講、推廣登山教育學校理念之餘，也與各地好友分享近況、欣賞臺灣四季不同的風景，並且「順路去給朋友看」、連結人與人之間的情感，彼此交流築夢的看法與建議，探索在地文化、民情風俗，品嘗小吃也帶當地名產回家與親朋好友分享。

這十年來的演講行旅，豐富了我登山之外的生命歷程，更支撐我對夢想的不斷堅持。

探訪世界登山教育先鋒

為推廣臺灣登山教育，我除了展開行腳臺灣各地的演講旅行計畫之外，永遠記得愛智圖書楊博名董事長當年給我的提醒與啟蒙——

創辦一所登山教育學校，必須學習德國人成立企業般的思維與精神，以百年基業做考量！

與楊博名大哥相識，得將時間拉回二〇〇二年的梅峰——

愛智圖書公司舉辦自強活動，創辦人楊博名大哥帶領員工來到梅峰，剛好我負責原始森林及園區的生態導覽。楊大哥對於臺灣山林一直有著深厚的情感，至今都還記得他在原始森林要大家安靜，叮嚀著：「進入森林要靜下來聆聽，彷彿大自然交響樂，悅耳動聽、療癒身心……」當下心中驚呼：「哇！很久沒聽見有人這樣形容山林、大自然了。」

波蘭登山學校校長親自導覽學校周邊自然環境。

隔沒多久，楊大哥邀請我前往位處高雄的愛智圖書舉辦講座。第一次進入公司行號演講，當時使用幻燈機，運用一張張幻燈片慢慢述說一九九五年首次攀登珠穆朗瑪峰的過程，從愛智圖書公司的氛圍，感受到楊大哥對待員工有如家人般的親近和諧，給我一種不同於其他企業家的印象。

後來，楊大哥與幾位企業家友人成立「聚愛會」，曾有幾次受邀參與相關活動。他們經常舉辦人文藝術講座、登山健行、深入山林的部落探訪、耆老解說，各式各樣領域的分享聚會，讓我對臺灣本土山林文化、生態環境、土地人文，有更進一步的連結。

二〇一三年，非常感恩楊大哥的邀約及慷慨贊助旅費，帶著我同行、前往德國企業參訪。當時楊大哥語重心長地對我說：「秀真，我們一起去看看德國人的精神。」起初還不太了解他的用意，後來才明白——楊大哥深知要創辦臺灣第一所登山教育學校，是一條不輕鬆的路，他想讓我知道德國人的處事、眼光都是百年考量，特別是建設。

我們參觀許多企業大廠，包括德國麥森瓷器，德國衛浴、廚具等，最後還到慕尼黑奧林匹克運動場參觀，這是一九七二年夏季奧運的主體育場，結合環保概念的設計，剛開始被批評缺乏美感……引發諸多負評。經過了四、五十年的歲月洗禮，直到今日，證明當年設計之遠見與存在

技術訓練配合適當的硬體設施是登山學校的重要基石。

價值，讓我領悟到，堅持做對的事，除了有遠見、穩固的基礎、決心毅力，在在都是需具備的理念和條件；儘管有時會遭來許多批評指教，甚至挫折無數……然而，這些都是必經之路，德國企業參訪讓自己更堅定接下來的登山教育之路。

幾年後，再度與楊大哥等友人前往日本熊野古道健行。看見日本人對登山健行者的環境友善、途中乾淨與貼心的衛生設備等，是值得我們借鏡、學習的。

「聚愛會」也定期邀請各方領域學者演講、開辦暑期青年領袖學習營（全額資助）、生態旅遊、企業參訪等活動，透過演講有幸認識楊大哥與各界企業家，從他們身上看見對社會責任與愛的奉獻，都是支持我不斷向前的標竿與風範。

從「愛智圖書」到「聚愛會」的心靈相挺，讓我備感溫暖，覺得推廣登山教育這條路不孤單，越走越豐富、有意義，鼓舞我更加拓展國際視野，包括——前往世界第一所的法國霞慕尼滑雪登山學校參訪；波蘭開設在國家公園裡的登山學校，如何栽培訓練世界級登山好手；東方第一的日本登山研修所的兩個重要設置：室內「裝備整備室」與戶外「鎖場」，重要意涵為何；為期十二天的阿拉斯加登山學校集訓，帶給我許多層面的衝擊與省思！

國外登山學校參訪 1

世界第一所！法國霞慕尼滑雪登山學校

ENSA
École nationale de ski et d'alpinisme

位於法國東南部阿爾卑斯山區（Chamonix, Alps）的「霞慕尼」，全名是霞慕尼白朗峰（Chamonix Mont Blanc），坐落在白朗峰山谷的狹長平原裡，擁有得天獨厚的自然景觀，不僅是世界登山運動史的發源地、攀登白朗峰的最佳起點，更是歐洲人最喜愛的度假勝地。

一九四九年，法國政府決定將法國國家滑雪學校與布拉茲學校（Collège des Praz）合併，成為「法國國家滑雪暨登山學校」（Ecole nationale de ski et d'alpinisme）簡稱ENSA。ENSA的學校組織在兩校整併後，由其二校之管理人員及山域專業人員組成，具備嚴格的專業培訓、考核、認證體系，至今栽培無數優異的山岳嚮導、登山教練。

將世界第一當成目標、做為效法對象，而「法國霞慕尼滑雪登山學校」正是世上第一所登山學校！回溯跟楊大哥一行人前往德國企業參訪行程，他說：「秀真知道為何邀妳一同前來德國企業參訪嗎？因為創辦登山學校和經營企業一樣，思維、視野非常遼闊，德國人在建築、政策制度等等，皆以百年為考量。」

由此思考：為何法國人那麼早就意識需要成立登山學校，而且是國家設立的。更進而萌生：一定要去拜訪這所世界第一登山學校的制度是如何建立、延續傳承至今。

左／登山商圈帶動霞慕尼小鎮。右／南針峰眺望白朗峰。

◎從「文取鳳梨」到「霞慕尼」的因緣

嘉義農專植保科（夜間部二專）就讀期間，必須半工半讀，自籌學費及張羅生活所需，平日於黎陽登山用品社工作，假日兼任登山嚮導工作（當時規定由具備合格證照嚮導隨行帶領才能入山，已於二〇〇一年取消）。

某天，有位客人走進店裡選購登山用品，互動之間得知他姓許，在嘉義中正大學擔任駐衛警。和學校幾位老師在工作之餘喜歡登山，想邀請我擔任嚮導攀登百岳。幾次閒聊，許大哥知道我登頂過聖母峰，不時會請教有關登山的事，彼此越來越熟稔。

因緣際會地促成，我向登山用品店老闆請假，陪同中正大學的駐衛警許大哥、理學院教授、老師等一行人去爬玉山縱走八通關。

嘉義中正大學的四周都種植鳳梨，在地人又稱之鳳梨大學。校園旁有一間遠近馳名的「舜泰柑仔店」除了服務村民，也種鳳梨。我

舜泰柑仔店。

念夜二專時，有一門課是研究農作物病蟲害，必須做田野調查，透過駐衛警許大哥介紹而認識三興村種植鳳梨的陳文取大哥，完成課程的田野調查。

文取大哥的小孩就讀國中、國小時，我在梅峰農場工作。有一回，他們想帶孩子去合歡山賞雪。雪季期間，清境農場很難找到住宿場所，讓出梅峰宿舍將就過夜，我與另一位同事擠一間宿舍，一家人如願賞了雪。事隔幾年，期間和文取大哥一家人始終保持連繫；有時文取大哥寄鮮採的「文取鳳梨」和我分享，我也回寄梅峰現摘蘋果表達感謝、分享之意。

二〇〇九年完攀世界七頂峰，一心想推廣登山教育、成立臺灣第一所登山學校，時時思考如何進行；幾次前往文取大哥的柑仔店聊天，談到創辦登山學校之夢，身邊的人全都想助一臂之力，樂意提供自己所能。完攀登世界高峰，深深體會他山之石可以攻錯，綜觀全球，世界第一所登山學校正是我想造訪的，唯獨語言難以跨越，日常要以流利英文說話都很難，何況要用法文溝通！

強大意念一旦發射出去，意想不到的好因緣就此接上——有一回和文取大哥聊天，說想前往法國參訪霞慕尼登山學校，卻不懂法文，真傷腦筋……文取大嫂剛好聽見，竟拋出一句：「我們家思衛的法文不錯。」

我驚喜道：「咦？思衛在師大念法文系喔～」

文取大嫂回說：「不是，他是喜歡、有興趣、自學的。」（哇～真是驚喜巧合！）

思衛從師大畢業後考上替代役，前往海地（曾為法屬殖民地）當兩年兵，在當地的臺灣辦事處承擔行政工作，之後再轉往布吉納法索擔任醫生的翻譯助理。

◎願心多大，力量就有多強

二〇一六年五月，臺大大氣科學系測計實驗室的指導教授——林博雄老師表示，七月將有個國際氣象研討會（針對霧露降水的研究）在歐洲波蘭的沃斯拉夫召開，系上會參加發表學術報告和張貼海報，研究生必須準備一分鐘的研究簡報上臺介紹。

博雄老師說：「秀真，妳不是想要訪問法國登山學校？波蘭到法國不遠啊，研討會結束後，可順道去法國。」當下感覺機會來了，期待已久的心願出現一絲曙光，可能實現！心頭一方面振奮無比，另一方面卻忐忑不安……

趕緊寫信跟思衛分享將成行的好消息，請他盡快聯繫與確認參訪事宜。思衛開心地回覆：「秀真姊，沒問題，我先寫信給法國霞慕尼登山學校，說明參訪動機與目的。」

約莫一個星期，都還未收到相關回覆，不免感到些許失落。不料隔天，思衛興奮地來訊：「秀真姊，法國登山學校早就回覆了，只是郵件被丟入垃圾筒，我沒注意，真不好意思……」法國霞慕尼登山學校的回覆是：「很樂意，歡迎我們八月九日進校參觀。」

當時收到回覆，心臟在胸腔內劇烈跳動，眼眶濕熱熱的……一時半刻還不敢相信這是真的嗎？

思衛再次確認參訪登山學校的行前事宜，原本想陪同前往，卻因在非洲布吉納法索擔任駐院醫師的翻譯事務，實在走不開……這麼一來，沒有懂法文的人隨行翻譯、進行溝通，怎麼辦才好呢？只好請思衛再想想辦法，或能否介紹同時懂中、法文的

左／霞慕尼登山學校校長親自導覽學校概況。右／終於來了！世界第一霞慕尼登山學校。

人隨行，與對方洽談這趟參訪行程。

思衛說：「我不能陪同前往，那麼請我女朋友帶妳去。」

心中驚喜：「你女朋友會講中文？」

「我女朋友是法國人，會講法文……」

儘管如此，思衛進一步將我為何要參訪霞慕尼登山學校的理念與想法，且需要一位懂中文／法文的翻譯需求po在法國留學生的群組上。

感謝老天！思衛協助發訊徵求翻譯人員後不久，一位來自屏東、正在法國留學的王建慧小姐回訊——她了解我之所以參訪霞慕尼登山學校的原因，答應義務擔任這趟參訪行程的口譯，思衛的法國女友Emma也會在霞慕尼跟我們會合，前往協助。一行人約好八月、在參訪的前兩天於霞慕尼車站碰面，當下懸在心上的大石頭終於安然放下。

◎當你真心渴望一件事，全宇宙都會來幫你

接下來，幸有好友怡如充當小祕書，協助相關行程規畫——確認並進行A進B出的機票航班、訂票作業，安排歐洲幾國期間的行程、預定住宿等事宜，

讓原本只是去波蘭參加五天的氣象研討會，延伸變成一個月的歐洲自助行，一趟參訪登山學校加上訪友的充實旅程——第一批出發隨行的成員有乾媽和臺東池上的淑瑩老師；半個月後，怡如飛抵德國慕尼黑會合。

曾與世界七頂峰攀登計畫的顧問——黃一元老師談到參訪國外登山學校一事，他對此樂觀其成，聽聞我會先到波蘭參加研討會，特地引薦波蘭登山協會會長、也是知名登山家的亞努斯，希望可以先去參訪波蘭的登山學校（Yes～又是一個驚喜巧合）。好消息讓人興奮又感恩，世間真有如此巧妙的事，感謝老天！這趟歐洲行，竟接連拜訪兩所世界知名的登山學校耶！

豈料驚喜巧合接二連三出現！我有位遠嫁以色列、許久未見的友人——小玲，夫妻倆暑假剛好要帶兩個孩子到德國參加技藝大賽，聽說這趟歐洲行要先抵達波蘭，便開心地說：「我們可以約在波蘭見面一起玩幾天。」長年旅居國外的小玲，流利的英語堪稱一場及時雨，不只開心見面、一起玩了幾天，後續在波蘭十天的行程充當神救援，包括前往研討會場的火車票購買，與亞努斯會長的聯繫、甚至從波蘭飛往德國的機票等事宜，讓我們輕鬆不少，特別順利。

這趟歐洲行含括德國順路訪友的概念，事先聯繫小魚——她是我和怡如在

左／拜訪學校前的演練。右／飄洋過海到波蘭與小玲一家人合影。

臺大山地農場梅峰擔任生態解說員的同事，後來成為德國媳婦。同樣地，聽說歐洲行會途經德國，小魚二話不說不惜安排休假帶我們爬山；恰如正好加入這段行程，來自臺灣四人組總算在德國小魚家圓滿會合。

遠在異鄉多年不見的老友，飄洋過海的相聚，或許這輩子就這麼一次。大家卯起來話家常、逛市集、採買食物，前往德國最高峰——楚格峰。大夥放鬆登高望遠，依循地圖與資訊，看見園區山徑規劃、山屋經營、管理制度等，非常值得觀摩、學習。完成德國訪友與登山行程，接續搭乘巴士抵達期待已久的國度瑞士，孩提時代從卡通影片看見阿爾卑斯山的景緻便超級嚮往，經由齒軌列車站點接駁，健行於馬特洪峰周邊步道、參觀當地博物館，終於如願！

八月初，臺灣四人組從瑞士邊境馬提尼翻過阿爾卑斯山，抵達霞慕尼車站與建慧、Emma會合；經過一番商討，仔細研擬訪校問題，透過建慧與Emma的專業對答，迎著美麗晨光，信誓旦旦來到法國霞慕尼登山學校。

當天，由資深滑雪教練與登山學校校長親自接待，溫文客氣、寒暄問候，校長領著我們參觀學校重要的硬體設施如：檔案室、裝備間、視聽室等。態度誠懇、詳細介紹登山學校歷史沿革、課程規劃及師資的培

霞慕尼登山學校校長致贈創校專書。

訓養成，我也提出許多問題，校長和資深教練耐心地回答，盡量滿足我們的求知欲，最後參觀學校藏書與文物展。期間建慧與Emma發揮專業翻譯，讓我們眼界大開，十分佩服法國政府多年來對於登山學校的支持，致力栽培許多優秀的登山嚮導與教練，甚至將教學經驗延伸至西藏登山學校。

一九九九年西藏登山學校創立之初，是透過法國在奧索卡（OZARK）公司的幫助，西藏尼瑪校長還與法國霞慕尼登山學校建立聯繫並簽訂合作協定，請法國職業登山家前來授課，並每年送兩名優秀學員到法國接受培訓，致使登山學校的教學質量獲得大幅度提升。

（二〇一四年參加一六八國際旅行社西藏阿里轉山之旅，由孫宜君董事長親自

領團，為此特別安排參訪西藏登山學校行程，讓我更加篤定取經於世界第一的霞慕尼滑雪登山學校的決心。）

參訪告一段落，臨走前，校長與教練加碼鼓勵我們：「非常期待臺灣登山學校能夠順利成立！有任何需要協助的地方，未來可以多詢問、交流。」整個早上眼角幾度泛淚，全心感恩這一切，再次印證：當你真心渴望一件事，全宇宙都會來幫助你！

◎以完善制度為基石，持續與時俱進

法國霞慕尼登山學校的制度建立已七十多年，校方掌握一個重要關鍵：

「與時俱進」，至今仍持續不斷修正制度。校內設有檔案室，類似小型圖書館，收藏來自世界各地的登山資料，計有一萬多冊書籍或電子檔案；館藏人員表示，目前檔案室裡唯獨沒有臺灣的登山資料，我們是第一個造訪該校的臺灣人，我早有準備臺灣玉山國家公園的資料、紀錄片。回臺灣後，將完整記錄攀登世界七頂峰的著作《挑戰，巔峰之後》，趁思衛與Emma回臺探親之際，協助在書封上以法文書寫感謝詞，再請Emma帶回法國，轉贈給霞慕尼滑雪登山學校收藏。

霞慕尼滑雪登山學校校長、執行長，對於臺灣想成立登山學校，抱持樂觀其成的態度。當下與他們分享，未來臺灣登山學校規劃傳授專業的登山、溯溪、攀岩等技術，考慮開設飛行傘課程，臺灣多處具有飛行傘場域，這方面得多向他們學習，雙方可進一步交流。

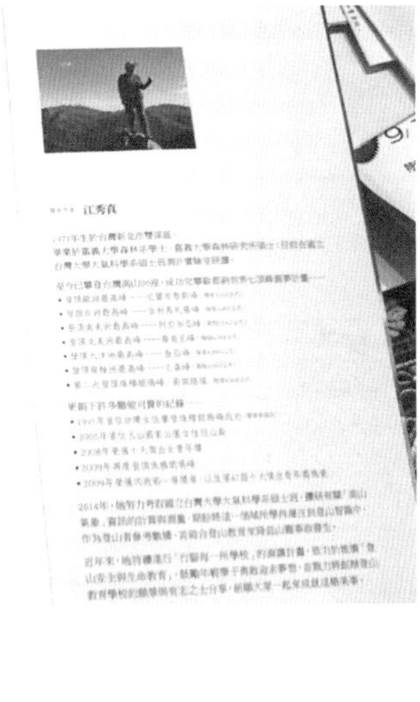

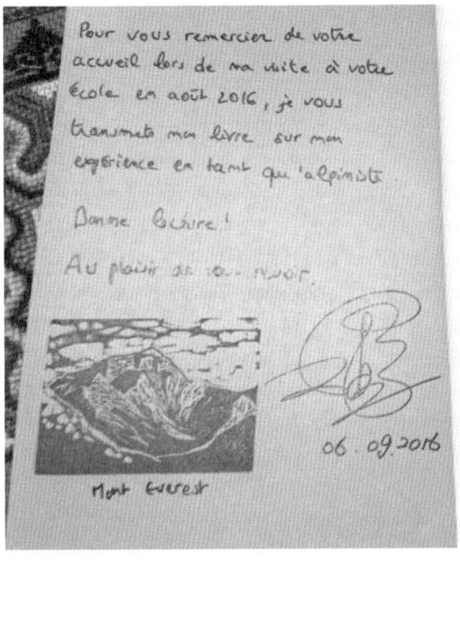

此行拜訪登山學校相當有趣、獲益良多，感恩校方樂觀勉勵、提供經驗，並相信臺灣將來會創辦類似霞慕尼滑雪登山學校。會後，我表示：「未來臺灣第一所登山學校成立開幕之日，一定會邀請他們前來共襄盛舉。」

霞慕尼滑雪登山學校參訪行程，結識當時在法國就讀碩士班的王建慧小姐，特別感謝她認同我創辦登山學校的理念，願意陪著我們勇敢追夢！她返臺期間，我們正好騎單車環島旅行，路過屏東順道拜訪她和家人，熱情的南部人慷慨請吃屏東肉圓。

在地情、異鄉緣，實在揪感心，持續不斷地循環，相信會創造更多正向能量，為世界增添無限溫暖希望。

國外
登山學校
參訪
2

位處國家公園中！
波蘭登山學校

波蘭共和國（Republic of Poland）位居中歐，北濱波羅的海，周邊陸地與德國、捷克、斯洛伐克、烏克蘭、俄羅斯等七個國家接壤。

前往波蘭參加氣象研討會、順道參訪登山學校，進行相關資料搜尋時，看到「波蘭共和國位居中歐……」心想：中歐？不是東歐嗎？中學時念的世界地理、歷史，讓我以為波蘭位在歐洲大陸東邊，是東歐的一個共產國家。進一步閱讀資料，發現對我這年代的臺灣人來說，波蘭曾遭受蘇聯政權控制，施行共產主義，才會將它定義為東歐國家之一吧。

不過，就歐洲各國地理位置來看，波蘭剛好位處中部，假若你請教波蘭人民，他們絕對會說：波蘭共和國位處歐洲中部，是中歐國家。目前人口約三千八百多萬，多數人民信仰天主教。

波蘭堪稱命運多舛的國家，從歷史看它總是受到周遭列強入侵與瓜分，歷經喪國一百二十三年，終於在第一次世界大戰後再度建國，卻又相繼遭逢納粹德國與蘇俄的占領，變成共產國家，直到一九八九年推翻共產政府，才蛻變成今日的樣貌。目前領土疆界乃第二次世界大戰後所界定。

◎沒有天然屏障，熱中登山健行的國度

曾在書上讀到「波蘭人」（Polanie），意指「平原之人」。波蘭境內大部分屬平原地形；波羅的海沿岸除了格但斯克以外，缺乏天然良港。與周邊國家間也缺乏高山深谷等天然屏障，須運用龐大武力來保衛國土及豐富資源。

塔特拉山脈（波蘭語：Tatry；斯洛伐克語：Tatry；英語：Tatra）位於中歐，堪稱斯洛伐克與波蘭兩國的邊界山脈，最高峰格爾拉赫峰，海拔高度約二六五五公尺。塔特拉山景觀特殊、交通便利且基礎設施完善，受到遊客及科

研人員的喜愛，逐步發展為頗受歡迎的冬季運動區和熱門度假勝地，甚至有「波蘭的冬季首都」之稱。

山脈分為高塔特拉山與低塔特拉山兩部分，具有典型的阿爾卑斯式地形，多冰斗、溶洞、山嶽湖泊和懸谷。高塔特拉山二十多座超過海拔兩千五百公尺的山峰，位在波蘭南部與斯洛伐克交界，適合高山攀登、健行遠足及冬攀滑雪；低塔特拉山適合從事峽谷、冰洞與石灰岩洞等景觀探索。

塔特拉山國家公園是波蘭和斯洛伐克的跨國保護區，大部分落在斯洛伐克國土，少部分在波蘭境內，由兩國於一九四八年共同建置，一九九二年獲聯合國教科文組織列為世界自然遺產。

◎國家公園中小而美的登山學校

二〇一六年夏天，為期一個月的歐洲自助行程（包括參加氣象研討會），首先抵達波蘭首都華沙，第二站克拉克夫、先與登山協會幹部碰面，由他負責接洽登山學校校長，安排參訪國家公園裡的登山學校。

這趟參訪行程，特別感謝中華民國健行登山會理事長黃一元老師的引薦與促成。黃一元老師認識波蘭登山協會、知名登山家的亞努斯會長，透過會長協助安排前往波蘭登山學校觀摩與交流，包括登山學校制度、課程、經營模式等。

校長開著吉普車到民宿接我們，進入國家公園一路顛簸到登山學校，車停在一棟小木屋前，校長說：「學校到了！」我們驚訝

與波蘭前登山協會會長亞努斯夫婦合影於克拉克夫市。

的看著眼前這棟木屋？超級迷你。校長引導我們進屋介紹學校設施，學校僅容納十五至二十名學生，不只採小而美方式，不是一間學校，而是數間學校散布在園區內。學校長和主任分別由國家公園搜救隊員擔任，隸屬公職。「這些」登山學校由企業認養經營，等於國家公園提供環境設施，讓師生上課與研修、訓練，屬於一、兩週至三個月的短期登山教育，學生透過申請

小而美的波蘭登山學校。

即可參加攀登技巧等培訓課程。

解說摺頁介紹塔特拉山區冬季雪況佳，每年湧入大量遊客上山滑雪、健行等。登山學校旁邊設有氣象觀測站，站內儀器相當完善，可見對高山氣象資訊掌控非常明確，注重程度非同小可。當下記錄拍攝影像，回臺灣可與臺大大氣科學系的教授們分享所見所聞。

曾看過二〇一九年一月關於波蘭氣象觀測站的一則新聞報導和影片——那是駐守在西塔特拉山（Western Tatras）的三名氣象人員，一月三日拍下的驚人景象。原本要出門進行觀測，不料所居住的小木屋差點被大雪埋沒，一打開門，只見出口被厚實積雪堵住，得手腳並用才能爬出門工作。

波蘭登山學校旁的氣象觀測站。

◎向波蘭登山家致敬

參訪登山學校期間，波蘭登山協會亞努斯會長，預先安排協會幹部領著我們到塔特拉山國家公園的小型登山學校，向校長表達誠摯問候，也針對登山學校行政事務虛心請教。

儘管波蘭境內沒有雄偉山峰，卻孕育出許多舉世聞名的登山家，其中最知名的捷西・約澤夫・庫庫奇卡（Józef Jerzy Kukuczka），一九八七年九月十八日成為世界第二位完成十四座八千公尺高峰的登山家。遺憾的是，一九八九年他再度攀登洛子峰南坡時不幸遇難。

捷西・庫庫奇卡不僅是波蘭的傳奇登山家、攀登喜馬拉雅山的傳奇人物，也是世上公認最偉大高海拔登山者之一。波蘭登山學校參訪實屬難得，參訪結束，校長駕車載我們回民宿。隔天，步行市區、順遊觀光小鎮，搭乘巴士下山。靠著黃一元老師從登山會雜誌裡的一張合照、E-mail密集聯繫，仍陰錯陽差、費一番功夫，終與亞努斯會長夫婦於克拉克夫市區會面！全身上下充滿登山家熱情、謙遜毫無架子的氣質風範。特地帶來臺灣高山烏龍茶、南棗核桃糕、鳳梨酥做為見面禮，會長送我一本庫庫奇卡的生平自傳；午後陪同參觀

市區與歷史悠久的克拉克夫大學，拱型迴廊、紅磚牆……等著五點整會唱歌的鐘，最令人難忘，互道再見留下彼此「千里相逢只為登山」的美好回憶。

除了庫庫奇卡，波蘭另一位知名登山家歐特克・喀提卡（Voytek Kurtyka），堪稱自由攀登先驅，二十一歲開始攀登，第一次進入塔特拉山區，開展登山熱情；於二〇一六年，榮獲世界級金冰斧終身成就獎！

波蘭具備悠久攀登歷史與文化傳承，包括與義大利知名登山家梅斯納（Reinhold Messner，完攀世界十四座八千公尺巨峰第一人）同列國際登山傳奇的庫庫奇卡。爾後，諸多波蘭登山家共同創下令人不可置信的八千公尺高峰冬攀紀錄。熱愛攀登、挑戰巨峰的中歐國家，至今仍不斷推出登山傳承計畫，政府與民間共同合作、相輔相成，持續發揚登山探險傳統。

從法國霞慕尼到波蘭的登山學校參訪，親眼目睹登山教育先驅辦學的精神與態度深受撼動，更堅定我創辦臺灣登山學校的願心！一九九五年，感謝珠穆朗瑪峰慈悲召見、包容接納、成就我一生的勇敢；二〇〇九年，一份存活下來的約定，選擇這條目前少有人走的登山教育路線，持續快樂前行，期許未來對臺灣登山界做出一番貢獻！

國外
登山學校
參訪
3

東方第一所！日本登山研修所

日本和臺灣同屬多山的島嶼國家，高原地形約占全國面積的四分之三，有「山國」之稱；從國境北端的北海道往南到沖繩島，資料顯示約有一萬八千多座的山岳被命名。

多數人知道世界最高峰「珠穆朗瑪峰」，臺灣最高峰「玉山」，那麼日本最高峰？——世界知名、海拔高度達三七七六公尺的富士山！據說想親眼目睹她「完整露出白雪山頭」一殊勝面

容，得看天候及各項條件、因緣俱足，才有機會喔～全世界登山家一輩子努力想登頂世界之巔，並非人人有緣得見啊！

日本最高峰「富士山」眾人皆知，若問「日本最低的山」是哪一座？嘿嘿，可以不靠Google大神搜尋就給出正確答案的人，恐怕不多吧?!目前，日本公認最低的山，是位於仙臺市宮城野區的「日和山」。日本三一一大海嘯之前，它標高有六．〇五公尺；大海嘯之後，標高只剩下三公尺。

◎凡事因緣俱足，掌握機緣前行

年輕時曾想前往日本登山學校進修，卻因不諳日文、一時半刻無法投入日語學習，竟輾轉到紐西蘭遊學三個半月。

一路走來，深感因緣俱足方可行。一九九五年本想就讀的日本登山學校至今仍念念不忘，多年想望沒被實現！既然讀不了書，至少要去看看學校的樣子，否則後悔遺憾的心情始終存在。二

〇一八年透過立志天后慧玲姊而認識臺灣寶島電臺的董事長賴靜嫻女士，幾次聚會聊天分享她曾到日本讀書學習，日語能力很強。

遠山呼喚公益旅行帶隊前往尼泊爾健行，賴董事長一同參與，途中聊起我想成立登山學校而前去拜訪法國與波蘭登山學校；一心懸念的日本登山學校時機未到。二〇一九年六月，黃一元老師與日本登山協會相關人士碰面，當時便仰賴賴董事長的翻譯，促成日本登山研修所參訪行程。

為讓參訪行程順利達標，我請託「趣健行旅行社」董事長楊晴媚女士親自規劃出團。全員在旅行社聽取行前簡報，董事長親自講解，除了參訪東方第一所專業登山學校——「日本登山研修所」，同時安排立山連峰縱走與號稱日本第二難爬的「劔岳」，

從中了解日本成立登山學校的動機與目標，是此行最具代表的意義。

◎日本百名山＆一指登山家

日本和臺灣同樣位在東亞島弧形地帶，火山散列，有七個火山帶和一百六十多座火山，有「火山國」之稱。地震帶上的臺灣，海拔三千公尺以上的高山有兩百六十八座之多，登山界人士將具備奇、險、峻、秀，山容起伏明顯的一百座山峰通稱為「臺灣百岳」。日本三千公尺以上的高山數量雖沒臺灣多，卻也有自己的「百座名山」！

參訪日本登山研修所之前，搜尋相關資料發現《日本百名山》一書，由登山家深田久彌所著，書中精選一百座名山為主題，撰寫百篇散文介紹。據說，日本德仁天皇特別喜愛此書，計劃要登完這一百座日本名山呢！

近代日本登山史，出現一位傳奇人物——栗城史多，短短三年內以單人之姿，勇登世界六大洲最高峰，兩年內完成喜馬拉雅山脈三座八千公尺高峰單人無氧登頂創舉！

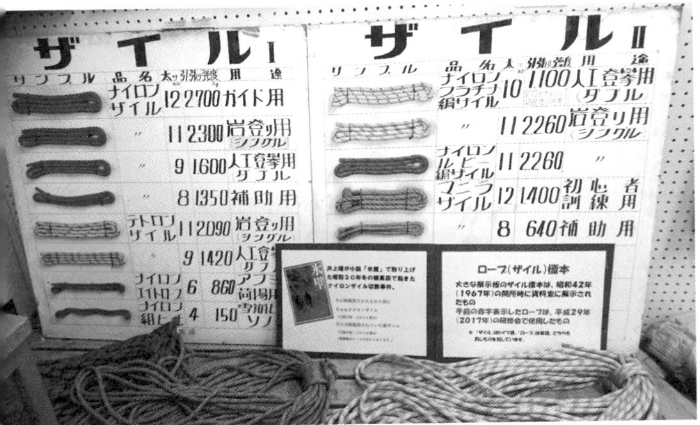

日本登山研修所文物收藏室。

令人喟嘆，他多次挑戰「單人無氧」攀登珠穆朗瑪峰都失敗。二〇一二年，第四次挑戰，因凍傷而失去九根手指頭，而有「一指登山家」的稱號。儘管如此，仍沒放棄挑戰珠穆朗瑪峰！二〇一五年開始，每年持續挑戰世界最高與多數登山家心中的聖山。二〇一八年五月，栗城第八度挑戰珠穆朗瑪峰，因身體感覺不適提前下山，不料撤退途中失去音訊……之後遺體被發現，享年三十五歲。

據相關新聞報導，栗城史多曾在二〇一一年來臺灣演講，態度相當友善，還特別感謝臺灣人在日本三一一大海嘯事件時給予大力援助。另一樁感人事蹟是，二〇一四年栗城史多挑戰無氧攀登世界第十二高峰布羅德峰

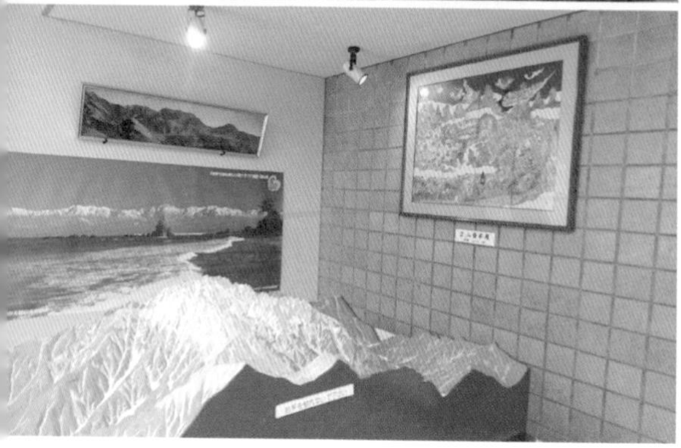

（Broad Peak）的下山途中，得知一名臺灣登山隊員因高山症失去意識，與嚮導合力幫忙──提供氧氣瓶、運用繩索幫助下降，成功解救其性命。

一九八二年出生於北海道的栗城史多，三十多年的生命中，充分展現對大山的熱愛，更以勇氣證明：即使是一介凡夫，只要勇敢向前邁步，心中想做的事就有機會實現。目前留在世上的著作《一步向前的勇氣：我單獨無氧挑戰珠穆朗瑪峰》（2011年，上海譯文出版社），記錄他以單人無氧的挑戰登峰經歷，以及生與死之間體會的人生哲理，有興趣的讀者可嘗試從這本遺作中，感受這位日本傳奇登山家一生對登山的狂熱摯愛、積極向上的能量，究竟源自哪裡？

左右頁 / 日本登山研修所52年來所累積的刊物、教材。

◎值得借鏡的兩個重要設置

「日本登山研修所」創校至今超過半個世紀，堪稱東方第一所登山學校。據校方人員說，我是第一位前往該校參訪的臺灣人。

它屬於國立登山教育機構，受政府支持，提供經費進行登山教育推廣。這次參訪，所長及校務人員提供許多經驗。正所謂「他山之石，可以攻錯」，我也從中找出共通點，做為未來臺灣成立登山學校參考，包括教學政策、技術傳承、結合民間企業資源、警備搜救訓練、年度推廣業務，像學術研討會、特定培訓活動等等，盡可能分享予我參考。

● 室內的「整備室」

觀摩校內各項設施，有一處讓我印象深刻。所長帶我們進入一間空蕩蕩、木製地板教室，擺著一些架子和掛勾，語重心長地說：

登山研修所裡最具核心的「整備室」。

「這間教室，是學校裡的靈魂、核心、最重要的所在！」

他接著說：「登山最初與最後、開始和結束，都會是在這裡進行。」代表著登山的出發與回程嚴謹態度一樣重要。

這間教室稱為「裝備檢查室」，亦即整備室。登山之前，必須盤點裝備；回來要收拾、再次整頓裝備。其重要意涵：力求萬全準備與愛惜攸關生命的裝備。所長特別強調這是登山學校，必定得具備的設施。

戶外的「鎖場」

另一個戶外重要設施，叫做「鎖場」，是針對日本山岳地形所設置的訓練場域，特別強調此設施存在的重要性。先是看見一水泥高塔矗

立眼前（高十七・五公尺，寬十一、十三公尺、），上頭布滿不規則鋼索環、類似攀岩場的踏點。另一處設置於柳杉林間三到四座水泥牆，上頭掛著一段段鋼鎖鏈，看得出是仿效峭壁上橫渡地形訓練攀爬技巧。

其用意在於——熟能生巧，儘管沒有每天登山，卻要求每天練習。這類設施並非僅提供登山者練習，亦是消防、警備、搜救人員定期訓練場地。

參訪結束，天空下起微雨，雖然對「鎖場」設施還存有些疑問。接下來幾天，攀爬號稱日本第二困難的「劒岳」而獲得解答。日本高山地形多懸崖峭壁，地質堅硬適合鎖道的設置，不論日本人，或到日本爬山，逃不開這類地形，登山研修所「鎖場」即是以此觀念建造的訓練設施。

日本人做事的嚴謹度全世界有目共睹，感謝這一切的因緣俱足，成就這趟日本研修所參訪，心中思索臺灣與日本地理環境有哪些共通點或差異性，成立臺灣第一所登山教育學校該針對什麼樣的訓練設施、需求、課程規劃等。

日本登山研修所前完美的Ending。

國外
登山學校
參訪
特別篇

前進世界七頂峰！
十二天阿拉斯加登山學校集訓

阿拉斯加登山學校這趟行程並非參訪，而是歐都納七頂峰團隊成員的精進課程，報名該校冰河地形與雪地訓練課程。

因應歐都納七頂峰攀登計畫之一北美最高峰——麥肯尼峰特殊冰河地形（緯度高、海拔高、極地低溫；攀登難度媲美珠穆朗瑪峰），臺灣沒有類似場域可做行前訓練，隊員黃致豪建議計畫主持人安排大家到國外移地訓練，其中三位隊員選擇到阿拉斯加登山學校參加雪地、冰攀集訓。

首先評估自己的能力，再確定適合的訓練課程及內容，我們有三名隊員參加為期十二天的基礎訓練，費用大約兩千四百美元，訓練非常扎實；另外兩名隊員基礎較好，報名參加其他登山學校的進階課程。

◎「生於斯，長於斯，學於斯」的謙卑態度

歐美國家從學齡前到學校教育，對戶外體驗教育相當重視。以大自然為師透過體驗課程、學習尊重萬物，不輕忽隨便。報到當天，學校發給學員一張十二天的課程表，課程包含室內與戶外課；室內課通常從自我介紹、為何選擇參加培訓等等，理論說得少，實作課程佔大部分；畢竟各國登山環境不同，語文溝通有點難度，課程進行主要仰賴英文能力不錯的隊員重點轉譯與必要溝通。

受訓期間，我們三位學員來自臺灣，其他皆為歐美人，其中有位較年長的學員，是當地某個小學的退休校長，名叫約翰。我們忍不住好奇地問：「您不

就住在阿拉斯加嗎？為何還要參加登山學校訓練？」

約翰分享：「在阿拉斯加土生土長，未曾爬過冰山，所以我必須要學習。退休，才能專心做這件事情。」

從約翰的態度讓我們明白，專業技術在探索之前，必須先受過訓練，先學會自保，不是沒準備就去做。儘管已經六十三歲，基於從未碰觸過冰攀這件事，仍以謙遜態度重新學習、全新出發。

約翰是現代中高齡者最好的學習典範，不因本身住阿拉斯加，就覺得自己為何還要學爬冰山。反觀臺灣許多人的心態：「我就住山上，還需要你教我爬山嗎？」這是觀念問題。我們觀察外國人對學習的態度，不論是訓練自己或是幫助他人，會認為自己是社會重要分子，從一校之長到登山學校的學生身分，這才是真正「活到老，學到老」自信與謙卑的態度。

觀察學校軟體、硬體設施，這所名為「阿拉斯加登山學校」屬於在地的私人教育機構，再從當地退休校長，其「生於斯，長於斯，學於斯」的態度，在在值得臺灣人思考與借鏡。臺灣擁有得天獨厚的天然環境優勢，應該抱持積極、勇於接觸的心態親近探索，藉由在地優勢，做更好的擴充與發揮。

◎「步步求生，步步向死」的冰攀訓練

受訓期間，課程規定每天早上九點完成報到，時間一到開始上課，教練嚴格要求守時、準時的重要！「登山」是一門攸關生命的專業，當意外發生，問題通常出在態度不夠嚴謹，由此可見國外經營登山學校的態度。

為兼顧學員學習成效，學校派出兩名主要教練與一名助教，以三比一教學方式進行。訓練期間，教練傳授許多雪地生活、冰雪岩壁攀登、挖雪洞、堆雪牆、蓋雪屋等專業技能，要求每位學員確實做

到。課餘之際不斷向教練請益，麥肯尼峰要注意哪些事情，困難地形、路線、天氣掌握等。行前訓練的有無對每一位登山者非常重要，現學現用是此行最大收穫。特別是冰河環境認識與熟悉，攸關這次攀登計畫成功與否，十二天扎實訓練課程，深刻體會成立登山學校的重要。

臺灣高山環境與外國相較，複雜度高，天氣變化大，譬如歐美大陸性氣候環境乾燥，臺灣海島型氣候相對潮濕，外國人也不盡然能適應我們的環境。

極地攀登具挑戰性，「步步求生，步步向死」，每一步都處於生死關頭，因此每一步得爭取免於死亡，看似矛盾卻又充滿哲理。

◎十二天冰攀集訓教會我的事

阿拉斯加靠近北極圈，氣溫超低可以想像。教練卯足全力傳授登山相關知識技術，完全按表操課。印象中有一個經歷非常特別……某天，我們搭好帳篷已入睡，深夜開始大雪不斷。五月的阿拉斯加進入永晝，凌晨十二點才睡覺，三、四點卻被教練叫醒！

教練在帳篷外拍門大喊：「快起來！清理帳篷上的積雪，否則帳篷會被壓垮，很危險！」此刻正好眠，起床實在太痛苦，心中抱怨教練也太嚴格了吧！事後從教練的角度來看，大雪紛飛、積雪迅速可能危及生命。

由此可見，外國人做事情的堅持與戒慎，特別對登山的嚴謹態度，最值得學習。這點臺灣最欠缺；如果各方面夠嚴謹、準備得夠充分，即使意外發生，也不至於遭受批判和指責，畢竟雙方已盡心盡力，並非輕忽把

教練親自示範冰河重要器具的使用與維修。

命丟。亦即「凡事盡力，結果放下」，做最完善準備，仍遇不可逆狀況，一般人說的「天命」，就不做無謂的怪罪。

十二天的登山課程涵蓋維修與保養登山裝備，比如用去漬油做為煮飯燃料，去漬油會造成油爐孔積碳、瓦斯爐頭清潔與修理，雪地如何使用環保便便桶、搭小飛機前往麥肯尼峰的注意事項，整套課程完整傳授。

◎從裝備到堅持理念，都像登山！

因應世界各國環境、天候差異，登山裝備廠商會依各地需求製作生產，以提供登山客在不同國度攀登選用。臺灣很自由，目前有許多國外進口品牌的登山裝備，依個人需求選購，重點在於適用、好用、多用，就能發揮其價值。通常攀登一段時間後會形成個人嗜好，例如對某些品牌有了忠誠度，或者好友間互相分享、推介裝備等，逐漸產生個人偏好，因此並沒有特定得用哪家品牌。

不過有一家本土登山用品專賣店，自一九五九年在臺北車站附近創店，已走過一甲子的歲月。從早期依顧客的腳型，打造個人專屬的手工登山鞋，並自己設立工廠生產登山裝備，至今已拓展成三大店面，代理十多家國際品牌業

一次到位的裝備檢查，避免多帶卻用不上的嚴格紀律。

務……它就是臺灣登山界名人先進、熱愛登山的年輕後輩永遠的好夥伴——「登山友」。

登山友的靈魂人物林秀滿女士，大家都叫她「阿滿姊」。三姊弟在父親離世後，接下登山用品事業，用心傳承「父親與山友們的約定」，秉持「誠信踏實、堅持到底」的理念，以純手工打造堅固登山鞋、各式登山背包等獨家技術聞名業界，屹立不搖超過半世紀。像阿滿姊這樣「做事頂真、不忘初衷、堅持理念」的人，最讓人感佩！

我第一件登山用品就是在登山友買的，一九九五年攀登聖母

「登山友」60週年與阿滿姊合影。

峰所需的裝備也都在登山友選購，買出大半輩子的情誼。沒有這家老字號還去不了聖母峰呢！今年適逢登山友六十週年慶，阿滿姊深情地說：「臺灣登山學校的事她一定會幫到底！」

心中無限感動之餘，也由此提醒自己，在創辦登山教育學校之初，必須堅持建置登山教育系統的理念，若沒系統便無所適從；建立好系統，按著軌道走、與時俱進、適時調整。與法國霞慕尼滑雪登山學校一樣，用活的制度支持永續經營的理念。

＊　＊　＊

從報名到參加極地集訓，過程有許多值得分享，包括登山文化、教學

方式，行前提供相關資訊，填表報名便詢問你登過什麼山、目的是什麼……畢竟大老遠跑到阿拉斯加登山學校訓練，校方會盡量滿足學習需求，類似提供個人「山岳履歷」。

檢查、確認相關資料，郵寄通知單，何時集合、報到，安排適合的登山課程，基礎或進階訓練，以受訓天數來安排。天數越少，所學自然會受限，天數越長，基礎學得穩固扎實，諸如此類，課程安排劃分得很清楚。

亞熱帶國家來此受訓，許多極地裝備在自己國家買不到，登山學校本身設有裝備租借服務，譬如冰攀所需的繩索，皆可租借或購買；郵寄資料同時附上學校可提供裝備租借或選購表，應有盡有，依照個人所需添購。這所登山學校規模雖小，卻五臟俱全喔！

◎登山可訓練團隊合作與判斷力

阿拉斯加登山學校有登記立案，為了攀登世界七頂峰之一的麥肯尼峰，隊員選定此校訓練冰河地形、冰攀技能等。麥肯尼是北美洲最高峰，接近北緯六十四度，海拔六一九四公尺，並不算高，加上經緯度，可與珠穆朗瑪峰的險惡環境相比擬。多數登山者攀登珠穆朗瑪峰之前，會將麥肯尼峰當成行前訓練，以經緯度加上海拔高度、極地低溫，攀爬難度足與珠穆朗瑪峰匹敵。

長時間在冰河地形中生活，必須學習食衣住行應變技巧，包括吃喝拉撒睡、蓋雪屋、挖雪洞、學切冰磚，萬一有人掉到冰河裂隙該如何救援等等皆需精進熟練。

此行，體悟在冰河行進，需採團隊合作，譬如三個人共拉一條主繩，前者為Leader，中間負責調整行進速度，後者需將標示旗收回，採團隊行進主要是

渾然天成的登山教育訓練場地。

避免因獨自行進而落入深不可測的冰河裂隙。因此，冰河攀登靠的是默契與團隊合作，是登山教育非常重要的一環。

登山活動經常需要團隊合作，但也有喜歡獨自登山……登山可以很自我，不過必須採團隊判斷時它和企業領導的角色很像。近年來許多企業領導積極參與登山、挑戰自我，原因是登山存在領導決策與團隊合作操作機制，不論思維或自我訓練的部分。一個領導者身處嚴苛環境，必須做出正確的判斷、決策與帶領團隊走向正途，足見登山訓練與企業的思維邏輯脫不了關係，與整體營運、操作態度息息相關。

可見登山教育的領導統御力相對重要。包括每一個嚮導，你想從事、承擔嚮導工作者，這些能力訓練是不可或缺，國內目前這類人才，正透過體育署委託山岳協會執行培訓、考證，累積登山專業人才資料庫。

臺灣登山早期採師徒制，二〇〇一年取消嚮導證，通常有人掛領隊帶頭登山即可，萬一有狀況也是以民法進行相關裁罰而已；山難事故發生，往往不了了之，對國內登山安全的把關並不妥當。二〇一九年山林解禁政策，友善國人親近山林，卻無看見任何登山教育、環境教育對山林解禁後的配套措施，敏感的臺灣高山恐進入難以想像的生態環境浩劫；山難事故接二連三發生，造成搜救人力吃緊耗費資源等，唯有落實登山教育、建立國人正確登山、愛山觀念，才能帶來善的循環、永續臺灣。

以上種種情況，都是在創建登山學校時必須納入規劃考量的重點。

輯三

與時俱進的登山教育學校

「登山教育學校」之於臺灣，宛如一座處女峰，挑戰的人屈指可數，更別說能成功登頂。登頂世界七大洲最高峰之後，從前進與山為伍的雲端，轉身回到與人相處的現實社會，我選擇走一條超級冷門路線，登一座連教育界都公認的艱難大山「登山教育」，如佇立於峰頂的一等三角點。

生命的意義，在於人跟人之間的互動，彼此用心成就，才能彰顯它的珍貴。如果大家各做各的，或是你很強，那就無需他人的存在了。很多事情有去做，一點一滴累積；儘管從無到有很困難，不過哪一件事不是這樣開始的呢？

投機取巧、走捷徑，都不是長久之計。創辦登山教育學校初始，我便秉持這種態度，就是一步步踏實前進、一階階扎根成就，這是向山學習的不二法門。從登山到演講，整個過程從沒分開過，反而是緊密結合；前往每一所學校演講，像登一座山，國中小學是一座郊山，高中大學是一座中級山，步入社會階段可以類比為臺灣的高山，需要因應聽講對象不同，進行準備呈現的素材和方式。

天然環境、地形來說，臺灣高山密度足足有日本的一百倍。臺灣板塊地形年輕，從低海拔到高海拔的林相層次豐富，三千公尺以上的高山共有兩百多座，然而國土面積比臺灣大上十倍的日本卻只有二十幾座。

我經常舉日本為例：「富士山每年僅有兩個月開放登山申請，卻有來自世界各地的三十萬名觀光客湧入。」臺灣具備優越地勢，擁有近三百座三千公尺以上的秀麗高山，自然環境絕對不輸日本，更有推動國際化登山的條件啊！我也鼓勵高山嚮導們要有邁向考取國際證照的企圖心，因為一旦擁有這項專業，未來不管到哪個國家都能帶隊。

有時，外國人反而比在地人更能看見臺灣的崇山峻嶺、山林地理之美；國外許多關於臺灣旅遊景點的書中，對於自然及風光明媚的登山步道、太魯閣奇景、花東叢林攬勝等都有不少指南與推薦行程。

常有登山愛好者分享，在登山過程中漸漸找回自信，這點我相當認同，總是給予曾經受挫的年輕人勉勵、鼓舞——以前誰會相信人類可以不靠氧氣瓶、甚至單人完攀八千公尺高山？但後來陸續有人做到了！老實說，我二十歲以前也不太相信，心中卻始終懷著前進奧運拿金牌的夢想，直到二十四歲，第一次登上珠穆朗瑪峰……告訴自己，千萬不要低估內在的潛能，它或許比你所能想像的更強大！

二〇〇九年完攀世界七頂峰後，一份存活下來的自我約定，展開創辦臺灣第一所登山教育學校的二十年計畫。距離首次登頂聖母峰下山，二十五年來，我不曾停下學習腳步，也常跟登山同好分享：「世界上沒有最難爬或最好爬的山，你用輕忽心態面對，就是最危險的山。記得要用『學習』的心去冒險，我一直是這樣做的。」

登山教育學校預定坐落於臺中，教學內容將包含登山、健行、攀岩、溯溪等領域，除了培訓各項高山野外運用的專業技能、建置專業搜救隊做為山難救助支援系統，同時結合人文素養、環境教育、生命教育等層面的課程，進一步規劃栽培具備多國外語能力的年輕嚮導，才能吸引更多外國人士前來這美麗之島，體驗多元文化、豐富的高山攀登活動。

每一次拉扯，都讓自己變得更堅強

從育達商職半工半讀畢業後，白天繼續在嘉發公司擔任會計一職，晚上和同學相約去蹲補習班、準備考大學；那時我一心只想進體育系，往奧運夢想之路前進。遺憾的是，辛苦、努力、忍耐、熬夜苦讀都用上了，卻沒有迎來「梅花撲鼻香」，只換得「高分落榜」四字！

小小失落一陣子，心想日子還是要過，剛好登山協會的大哥大姊們邀我參加登山活動，會長見我資質、體力不錯，又有運動員背景，便提攜我擔任實習的高山嚮導。兩年後，正式取得高山嚮導證，有時間就帶隊登山，逐步完成臺灣百岳登頂紀錄。

直到一九九三年，臺灣隊代表吳錦雄老師與中國聯攀隊登上世界最高峰，成為臺灣首位登上珠穆朗瑪峰的登山家，此壯舉轟動臺灣登山界，許多人以此做為登山的最高境界，至少一生中能有機會到山腳下朝聖。我受到許多山友和嚮導們的鼓勵，加上中華民國山岳協會正招募聖母峰遠征隊員，參加徵選並順利錄取；集訓一年半的時間，正式踏上兩個月的征途，一九九五年五月十二日上午十一點四十三分，登上世界最高峰——海拔八八四八公尺的珠穆朗瑪峰。

歷經世界高峰的洗禮，許多想法、思考模式等，似乎都在改寫，只是速度緩慢，無法立即察覺這樣的轉變代表著什麼意義。某天，前往老東家嘉發公司探望老闆，當下他對我建議：「秀真啊……妳還很年輕，年輕就是本錢，繼續讀書、充實自己會是最好的方向。」

初次成功登頂珠穆朗瑪峰，確實引發大批媒體爭相報導，成為大眾熟悉、小有名氣的登山界人物。當時我同樣半工半讀，一邊利用假日帶隊攀登玉山養活自己，一邊補習準備報考農業專科學校；後來考進嘉義農專（夜間部二專）植物保護科就讀，學習課程從植物生理、病理、昆蟲、有機農業等都很有趣，唯獨對農藥相關課程有些排斥，但還是很認真學習的啦～曾有人問為何不是選讀森林系，想了想，可能是號稱當植物醫生的虛名，勝過森林對我的吸引力吧！

夜二專暑假結束後，在救國團學日文的同學邀我一起到紐西蘭遊學三個半月，與寄宿家庭共同生活，學習英文、接觸當地文化……回國後，隔年考上嘉義技術學院二技日間部森林系，我肯定自己選對系所，心中卻期待又怕受傷害——開學時同學們自我介紹，幾乎年齡都小我六歲，老大姊深怕記憶力不及年輕人，慶幸一路走來的社會歷練補足一切，學期間和同學們互動良好，甚至相約前去太魯閣國家公園擔任解說志工。

第三學期學分幾乎修完，確定可以拿到畢業證書，不想虛度時間，再次進補習班苦讀，準備報考國小師資班。雖然要以技職學校的身分考國小師資班會是自討苦吃，但我仍想趁機補回普通高中學科基礎，盡力把握念書學習時光。就這樣，學校和補習班的課業同時兼顧，直到順利從嘉義技術學院二技部畢業。

本該乖乖報考國小師資班，此時二技部的好同學博文來了電話，告訴我：「臺大山地農場（梅峰）正在應徵生態解說員，妳想去嗎？」一直以來嚮往山中工作的我，這真是天大的好消息！被山圍繞、歲月靜好、感受日出而作日落而息、與世無爭的農夫生活，終於有機會實現！三年在梅峰農場充實身心靈的工作與生活，因緣際會結交許多社會企業家，有登山、賞鳥、植物社團等奇人異士，獲得森林與動植物生態知識技能的薰陶，深感不斷學習就能保有生命熱情。

每一次轉折，都push自己更往夢想前進

一九九五年初登珠穆朗瑪峰之後，當時渴望能朝著登山領域再精進，卻發現臺灣根本沒有登山專門技術學校可進修。繼梅峰生態解說員之後，因緣際會考進玉山國家公園當了九年的巡山員，開始與山為伍的工作，同時接受各機關單位邀請演講，分享登頂的心路歷程與珍貴的生命體驗。

回想一路走來所做的事情，幾乎與山脫不了關係。歷經一次次的高山搜救任務，解救人命的當下雖感欣慰，卻有事實讓我的心日漸沉重、也越來越困惑——這麼多年過去了，臺灣的山難次數不減反增，就算繼續承擔巡山員工作，能夠改善的效力相當有限。當下體悟多數國民只把登山當作休閒活動，對野外山林教育知識極度缺乏，由此加深我創辦登山教育學校，強化國人登山安

全知能的決心。

從開始接觸臺灣登山活動以來，「山難事故」總是三不五時聽聞。一九八九年，第一次與登山會去爬奇萊主、北峰，當時裝備不是很好，隊員穿著小飛俠雨衣，從奇萊北峰下山時，外面下著毛毛雨，穿小飛俠雨衣的隊員因為悶熱導致滿身大汗，雨衣再也穿不住就直接脫掉，汗及雨水雙面夾攻，很快變成落湯雞，走到黑水塘被同行隊員發現時已經失溫，經過緊急處理、共享體溫等方式，從鬼門關將人救回。另一次是一九九五

年，我們在大鬼湖隊員因為湖邊濕滑而跌斷腿，地域非常偏遠、天氣不佳，地面與空中搜救隊聯合花了三、四天，終於順利救出傷者。

幾度碰上山難事故與參與救援經驗，讓自己很謹慎、也注重登山安全，特別是擔任玉山國家公園保育巡查員期間，其中一項任務就是處理山難事故；它的確防不勝防，只能努力推廣登山安全觀念。畢竟，臺灣山區地形、天氣、人、裝備等種種因素一旦匯聚，山難事故發生和平地交通事故一樣，屬正常現象。

臺大教授的衛星電話救援

高山低溫、低壓、低氧的特殊天候，總會伴隨天氣狀況產生劇烈變化，導致忽如其來的冷熱交替、冰雹、強風、雷電等現象。在高山生活得夠久，對極端天氣變化自然不陌生；可是登山與日常生活又是兩回事，沒有特別深入鑽研，相關專業只是一知半解。碰上自己不懂的領域，尋求專業人士協助絕對是最好的因應方式。

參加歐都納世界七頂峰攀登計畫，曾移地到西藏卓奧友峰訓練，當一切就緒，卻在登頂日發生一名隊員失聯的狀況！基地營留守人員必須盡速得知天氣資訊，才能進行後續連繫、搜救等事宜。求助無門之際，我猛然想起臺灣大學大氣科學系林博雄教授，請梅峰農場的同事幫忙聯繫，透過衛星電話跟博雄老師說明我們當時遭逢的狀況，希望獲得他的專業協助。

博雄老師馬上答應協助氣象資訊提供，不但順利解除事故危機，讓我們對於高山氣象知識的運用有進一步了解。爾後，博雄老師鼓勵登山隊員參與臺灣氣象研習會，持續給予前往海外登山隊伍氣象資訊的支援，義務幫忙、情義相挺至今不變。

有上述的接觸與因緣，在完成嘉義大學森林碩士專班論文之際，需要氣象數據佐證，再度提起勇氣，主動聯繫林博雄教授能否給予協助。

「秀真，沒問題，妳需要的氣象數據，我會用電子信箱寄給妳，到時候有任何相關問題再告訴我……」

待收到博雄老師寄來的數據資料，發現慘爆了！裡頭很多氣象專有名詞，根本有看沒懂。眼見論文截稿日漸漸逼近，不知該如何是好，只好先找圖書館研究報告、相關書籍的氣象統計資料、現成可使用，經林金樹教授指導、提點，以及好友崇漢、環球科技大學研究生，經過數次當面討論，並協助部分實務操作、詢問山友駱駝相關實驗方法等，整整一年努力閉關蹲點，終於將嘉義大學森林碩士專班畢業論文完成，感恩一路無償協助我的師長親友們！

登過兩次聖母峰，拿兩個碩士也不為過

順利從嘉義大學森林碩士專班畢業，有一天忽然接到博雄老師的電話——

「秀真啊……上次寄給妳的資料，妳分析得如何呀？」

電話這頭的我霎時滿臉通紅，誠實招來：

「博雄老師……不好意思，因為資料有很多專有名詞與數據不是很了解，加上論文截稿時間急迫，所以還沒將資料進行分析……」

「這樣啊！那妳畢業了嗎？」

「謝謝老師，我順利畢業了。」

「恭喜妳囉！妳的論文可以寄給老師看看嗎？」

「當然可以！」我迅速將論文電子檔案寄給博雄老師。

過了幾天，博雄老師再次來電——

「秀真，妳登山幾年？」

我回答：「將近三十年。」

「哇，滿長一段時間耶！如果妳能對臺灣高山氣象多點認識，對於未來想成立的登山學校、登山安全教育推廣應用等，想必會有所幫助。妳願不願意再來念一個碩士？」

天啊！臺灣大學耶！而且是高山氣象領域……腦子正在打轉，博雄老師接著說：「妳可以先看一下招生簡章，用推甄的方式。秀真，不用害怕，妳都登過兩次聖母峰了，拿兩個碩士也不為過。」

博雄老師後面說的話當真鼓勵我，登頂聖母峰的「堅毅標準」油然而生！

坦白講，當下我心中躍躍欲試，卻憂心忡忡！畢竟，這是臺灣最高學府……記得念高職時，我們有五個死黨曾自我揶揄：「哎呀！這輩子念不了臺大，至少要到校園裡摸一下椰子樹、拍拍照……」的確，聯考年代的大學錄取率非常低，雖有保送機制，沒有超人成績表現是很難進入知名大學。

二〇一四年，經由十大傑出青年聯誼會會長、總幹事、林金樹教授、工作單位的大長官極力推薦，才讓我順利推甄進入臺灣大學大氣科學系研究所就讀。身上承載著許多師長親友的期待和成全，心理壓力著實不小也不好受，再加上自尊心作祟，收到通知、確定考上臺灣大學大氣科學系研究所碩士班，那一刻「憂多過喜」。

為了專心讀書，幾經思索，毅然辭掉國家公園巡山員的工作，長官、同事們為我擔憂，沒了穩定工作該如何生活？……雖然演講有講師費、車馬補助等，多少有些收入，卻不能當飯吃，現實面的考量不可能全然不理會。我當時不相信，沒工作就會餓死人這種事兒。當然，沒有家累的確可以瀟灑一點，加上本身並非好吃懶做之人，無須害怕餓死吧！可能是從小到大做過的工作多樣化，所以不太擔心這方面的問題。

回想剛踏進臺灣最高學府臺大就讀，因對一切不熟悉成天眉頭深鎖、挫咧等，腦子心中都很有戲——一下子擔心上課遲到、

考試考不好，一下又焦慮會對不起誰、誰、誰，所有的思考得全部重新來過，邏輯、專有名詞、生活方式、一拖拉庫繁瑣事務要面對及適應，坐在我身旁的又全都是一九九四、一九九五年出生的青春無敵同學代表們，唯一能夠與他們攀得上關係就是——「一九九五年我初次登頂聖母峰」。

幸好，當時選擇勇敢面對，做就對了！光坐著想，永遠不會知道自己擁有多少潛力，結果會是如何。如同我在《挑戰，巔峰之後》書中與大家分享的——「唯有出發，才不會一直在原地踏步！」

為登山教育！
彷彿再爬一座學業聖母峰

臺大求學期間，我告訴自己：「學習，就像海綿遇到水，吸就對了！」不過剛開始心態沒調整好，來不及理解，一堆新的東西接著來……考試時，身邊的同學腳抖個兩下、原子筆甩個兩圈答案就出來，我卻想了老半天，極度燒腦，第一學期都還沒結束，只見頭髮都白了。

一天，博雄老師領著我熟悉大氣科學系測計實驗室，同時鼓勵道：「秀真，這是系上測計實驗室，我們是teamwork，既講求分工，也強調互助，不是自己的專業不用擔心害怕，結合跨領域專業是團隊的特色，妳短時間內無法理解大氣相關理論，可實務操作是妳的強項，這樣就能互相彌補不足。目前我們缺少的領域，正好是到臺灣高山收集氣象資料的人，妳就是這個人！」

雪山東峰（上）、圈谷（下）高山自動氣象站。

雪山·三六九山莊的氣象觀測實驗。

博雄老師這番話，就像一顆定心丸。我漸漸熟悉大氣科學領域相關知識，信心大增，求學期間除了上山，也搭乘軍艦、研究船前往南沙太平島，做短期氣象觀測與實驗，間接圓了兒時的航海夢。

三年的臺大碩士班生涯，最酷也最有成就的事並非取得畢業證書，而是大氣科學系與中央氣象局不斷進行跨部會、部門商議，二〇一七年陸續完成臺灣高山氣象自動站的建置，不僅有效提供高山氣象線上資訊，對登山者、山區管理單位、搜救隊、國家安全等都具有莫大的幫助與意義。

很高興有機會參與高山氣象觀測計畫，三、四年內攀登雪山有二十多次。期間半個月前往新北市雙溪區、苗栗三義。每個月到溪頭、兩個月上雪山收集氣象資料與維護氣象儀器，偶爾跟著測計實驗室的夥伴到臺中梧棲放探空氣球，求學日子過得非常充實。高山上做氣象研究不辛苦是騙人的，只要想到整個團隊的投入能為高山氣象領域做出貢獻，深感與有榮焉，一切辛苦都是值得的！

此外在臺大進修時，只要我人在校園內，每逢午餐時刻，乾媽總會提著親自做的愛心飯盒，從三重搭乘捷運到公館，出現在系館外的臺灣欒樹下與我共餐，走過三年歲月，整整五百個愛心飯盒，陪我一起度過臺大校園的春夏秋

乾媽親手做的愛心飯盒，
共度臺灣大學三年碩士生活。

冬；還有江家姊妹們學費上的資助，恩師林博雄教授細心指導與鼓勵……所有疼惜秀真的親友師長們，不論精神上的支持鼓舞，或者實質上的幫助，都讓我感恩再感恩！

儘管在最高學府課業壓力真的很大！也因為有這些助力、陪伴，才能持續支撐著我勇往向前。直到畢業那一刻，心中除了感激還是感激，彷彿又登一座學業聖母峰！原本滿載課業壓力，卻學會享受壓力，可真要辦理離校手續之際，心中竟是依依不捨……

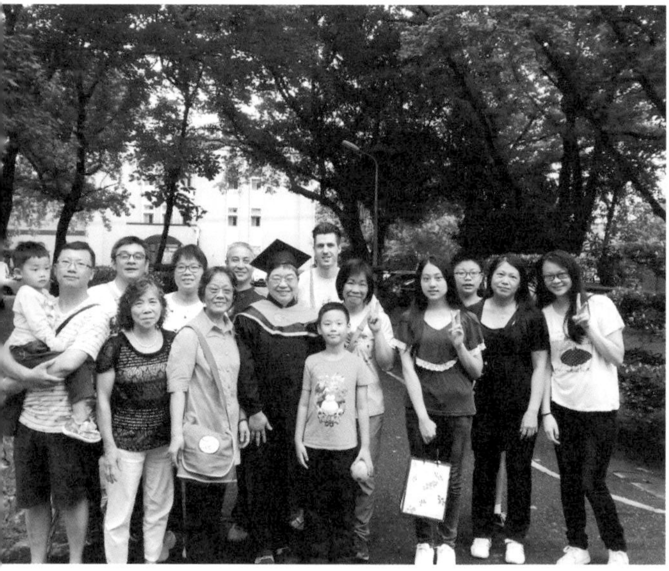

與心愛的種籽一起畢業。

立志天后的滾動心力量

聚愛會的郭明賢大哥曾親自來電，說他有位在上尚科技公司任職的好朋友——胡慧玲小姐想認識我，因「上尚講堂」的工作而負責邀約演講。我們第一次見面在二〇一六年十二月某一天，兩人相約在北車，一路上招呼我直到演講會場。好奇心勝過一切，她偷偷的告訴我，主要想看看登頂過兩次珠穆朗瑪峰的女性，是不是擁有三頭六臂?!

再次見到慧玲姊和麥克大哥是在他們家，不僅準備滿桌菜餚，怕我生疏，同時邀請幾位愛山朋友，有位暱稱「十七哥」的長者，已完成臺灣百岳攀登喔！一向喜歡閱讀的慧玲姊，坦承與登山的夢想有距離，且是遙遠的距離。勇於立志的她，更以行動不斷達標，群組裡有「立志天后」之稱。

上尚講堂76
江秀真
雲端上的行腳
挑戰巔峰之後
2016年12月9日 15:00-17:00 若水會館

她立志要到珠峰南側基地營，海拔五四〇〇公尺！為了圓夢，找上十七哥和我。茶餘飯後，另一位好友麗華負責行程規劃，討論結果——決定從陽明山東西大縱走開始，為圓夢做訓練、循序漸進地靠近終極目標：珠峰基地營。

慧玲姊為實現前往珠峰南側基地營的終極目標，不斷地立志。她瘋狂立志，讓身邊朋友形成一股陪伴到底的力量，臺灣山林練習、逐步前進挑戰尼泊爾喜馬拉雅山健行兩次，分別是 **Poon Hill**、安納普納南峰基地營。從不可能的任務，竟然完成多次大山大水的探訪。

立志天后抵達安納普納南峰基地營。

多麼有趣的事，陪伴圓夢人反而受益——原本沒有計畫的行程，卻因陪伴而讓自己有更多機會接觸喜馬拉雅山脈。我始終相信善的力量、樂於分享與鼓勵，就可獲得滿滿的正能量。

十年來一路演講、處處分享，許多聽眾、朋友都知道我要成立登山教育學校，大家很努力幫忙找資源，甚至介紹更多可以協助的朋友讓我認識，試圖建立廣大人脈的概念，我也明白組織運作的力量與邏輯思考的重要性。

當有人問起創辦登山學校種種，我總是不厭其煩地解釋、說明，分享過程中進而發現：原本沒設想到、或必須考慮的現實面、朋友細心提點等，再加入自己的創校理念，另闢一條更可行之路。然而這一切的起起落落，就跟登頂、下山一模一樣，時而精彩萬分，時而孤獨行走，時而志同道合，時而分道揚鑣。演講也是如此，人生又何嘗不是這樣！有時覺得白忙一場，有時卻又希望無窮。

朋友有心，是我前進最大動力！每回受邀到慧玲姊家吃飯，離開前麥克大哥總會準備自製吐司（上頭鼓鼓的那一種）給我帶回家，開始沒發現有什麼特別，後來發現吐司背後藏有「洋蔥」！在第一本著作《挑戰，巔峰之後》書裡，曾敘述自己和小妹小弟住在鄉下，一起分吃吐司條的故事，這原汁原味的分享，竟讓慧玲姊與麥克大哥看進心坎裡……

書寫如上這段文字的此時此刻，手裡正拿著麥克大哥手作的溫熱吐司，幸福感穿透時空，暖暖烘著當年國中時代心中備受委屈與無助的自己。原來「心」被修復是這樣的感覺，變得如此溫暖而堅定！

脫胎換骨！一個最溫暖有力的回饋

還有一次應閱悅讀書會的演講邀請，也是我首度與馬珊珊小姐接觸。剛完成七頂峰攀登的我，透過演講分享鼓勵他人，珊珊是其中一位接收到鼓舞的聽眾。談到非洲吉利馬札羅是七頂峰較容易親近的一座山，她學習專業、現學現用行動派的個性，讓她隔年成功登頂——平日穿著高跟鞋、套裝裙的上班族，竟然登上海拔五八九五公尺的世界大山！她分享登頂過程差點要放棄，當下想到我提及在南美阿空加瓜峰遭遇兩天暴風雪都能熬過，便鼓起勇氣堅持完成！「脫胎換骨」是她最有力的回答與回饋。

任職玉山國家公園管理處那幾年，經常下班從水里駕車直奔臺中地區為扶輪社演講，某次遇到「演講撞期」超尷尬——德康會與另一個扶輪社同樣都是姓張的會長邀約，從頭到尾被我認為是同一場講座，當時負責接待講師的馬珊珊小姐察覺我的窘境，親自駕車送我前往另一場在沙鹿的扶輪社赴約，同時去電報告會長取消自己社裡的講座安排，讓我順利完成另一場演講。那一刻，感激之心不在話下，相當自責提醒自己未來安排演講行程一定要更加細心謹慎。

十年了，我與馬珊珊小姐保持著像姊妹般的情誼。起初是她學習我登山的精神、毅力，現今她兼顧EMBA學業、家庭、事業的精神，亦是我無法超越的另類挑戰！反向的鼓勵不斷支持我邁向創辦登山學校的最佳典範。

與德康會成員合影。

一念初心！素人作家持續追夢

行腳臺灣各地演講已然成為畢生的志業與願心，經常過程中自掏腰包買書，與聽眾結緣、和觀眾互動，以此當作對校園學子的鼓勵分享。儘管有時演講是無償，但所獲得的快樂以及聽眾給的溫暖回饋、熱烈反應。三餐飲食清淡兼顧營養均衡就好，這樣對腸胃也比較健康，從以上種種面向來看，收穫最大、受益最多的正是自己。

二〇一六年，第一本書《挑戰，巔峰之後》出版後，朋友三不五時會開玩笑說版稅收益不少齁~其實，一開始就明白出版業不好做，要靠出書賺錢也沒那麼容易。我珍惜且看重的是「一本書的影響力」，因為它可以鼓勵別人，是一種影響力的傳遞；而當這樣的循環回饋到自己身上時，你就會很感動。

演講過程中，經常以《挑戰，巔峰之後》這本書來勉勵國中生，分享我本來也不是作家，如何讓自己的生命經驗由書寫、透過出版呈現世人面前呢？

我的文筆也不算特出，最初由一篇五百字的文章開始練習，寫到後來，很多雜誌社找我是否能像寫遊記一般，慢慢集稿；接著，邀請能否寫專欄……一步一步，透過這類方式慢慢進步，磨練文筆。以自己出書為例，從無到有，也相信每個人都有機會寫出一篇好文章、一則動人的故事……要不要讓自己這樣的想望，透過努力慢慢扎根到開花結果。

這回與出版社討論生命二部曲《十年一講，為夢想》的書寫大綱，我開始在演講或相關場合反問聽眾：「你們覺得我是作家嗎？」

起先他們會愣一下，我接著說：「我真的不是作家，但我要出版第二本書了！」下一秒鐘，聽眾們紛紛報以熱烈鼓掌。

「我的確不是職業作家，只是一個素人，秉持一念初心，將自己愛山爬山的生命經驗記錄下來，加上商周出版團隊的協助，共同圓滿出書的夢想！」我以「一介素人作家」的身分鼓勵大家，即將有第二本書要出版囉～大家也都很捧場，再度給予正面的支持與回饋。

十年演講行旅一路走來，過程中的磨練與甘苦真的很多。有時為了趕公車、怕塞車，得特別早起；滂沱大雨、烈陽酷熱，亦不能缺席；一開始只要有機構單位邀約，不論時間多早或多晚都接，最多一日三場演講，心想有機會推廣登山安全教育理念，全力配合安排講座。近來開始思考演講品質要更好，效益才會高，從中摸索如何將演講場次與時間調配得更恰到好處。

累積了十年演講實力，算是經驗豐富的講者，以往沒講完總會擔心有好多故事沒能分享聽眾，好可惜捏~而今縱然時間不充足、講不完，也不會焦慮。已經練就到隨時可講、隨時可停的境界。畢竟演講經驗豐富，終會調整自己的心態，學會傾聽、觀察聽眾的感覺，掌控好演講時間。

演講是多面向的挑戰，大家千萬不要以為臺灣面積不大，從北到南、行腳各地應該不難吧！國土面積不大是沒錯，但每個地域特性不盡相同，翻過一座山，跨過一個鄉、一個村，風土人情文化有時還真是天差地別喔！儘管如此，亦是難得的磨練機會，從上千場演講中，慢慢培養自己的耐心，專注傾聽別人說話。

與時俱進！登山教育學校的軟硬體

放眼臺灣，創辦登山教育學校這件事雖有前輩嘗試過，諸多原因沒能實現。能參考的範本或是一條可因循的進程實在不多。例如：校地，為考量交通便利、地域性適中，便選定大臺中地區進行相關討論規畫，進一步卻發現缺乏「軟體」——需要有系統的教材教案、相關的師資人才培育等等，這些之前很少有人真正執行過！

所幸及早看到這部分的缺乏，除了請教該領域的老師、前輩們，同時著手準備考試，爭取進入國立中正大學成人及繼續教育學系博士班再進修，發現自己真的念對了！這就是往登山學校前進的第一步，體會從頭到尾了解辦教育、建立系統教案的來龍去脈為何，它必須依循此道往前邁進。

最近有老師問我：「秀真，妳的登山學校好像有一點點在改變……」這位老師一直很關心登山學校的進度。原本規劃要成立的是五專學制的登山學校，但因應臺灣社會環境、學校體制逐漸演變，加上進入教育相關學系就讀後，才知道教育也是要與時俱進，並非墨守成規、不知變通。

這裡所說的「與時俱進」，還有為什麼需要「調整學制設定」，基於臺灣現今社會人口結構改變，不太適合以五專學制進行規劃，必須以當下迫切與需求性進行評估、視相關狀況調整。根據聯合國世界衛生組織定義，六十五歲以上老年人口占總人口比例達到七％時稱為

中正大學成人教育所博士班。

「高齡化社會」，達到十四%是「高齡社會」，若達二〇%則稱為「超高齡社會」。臺灣目前正朝「超高齡社會」前進中，且中高齡族群已超過年輕族群。因此登山學校有必要優先考慮招收的對象，是中高齡族群。

隨著時代變遷，少子化與高齡化兩大社會議題正活生生在臺灣上演，年輕族群也比老年人來得少，一般教育學制所招收的對象幾乎已達飽和。成立一所學校若要順利經營運作，關鍵是什麼？就是學生！因此，我肯定地跟老師說：「登山教育學校必須與時俱進。」五專學制或許是目標選項，一樣可採取專科學制，但不一定是五年，也許是三年、兩年或短期研修課程，較以專門技術學校的方向做調整和規劃。

跨界學習！
從大氣科學到高齡心理學

創辦登山學校、推廣登山安全教育，是我登頂、下山之後持續努力的目標。從臺灣大氣科學系研究所碩士畢業，隔年跨領域考進嘉義中正大學成人及繼續教育學系博士班持續進修。許多人好奇地問我：「念書不累嗎？」也讓我聯想演講時聽眾最常問：「登山不累嗎？」異曲同工，登山建立了我的特殊標準，讓自己從不以「累」為做事的出發點，想辦法抵達終點是重要的！好比堅持到底，其實與「困難」無關的概念。

老實跟大家報告：進入博士班就讀的第一個學期簡直就是兵荒馬亂，事先預約且無法取消或調整的演講行程也滿檔！好比才剛學會適應地球的脾氣（大氣科學）觀測實驗，馬上又要轉換成了解高齡者的脾氣（高齡心理學）理論論述，整個學期不斷地在「連連看」（小學考試常有連連看的題目，必須尋找到正確的答案，若對課程不熟悉就會連結到錯誤的對象或方向）。幸好，第二學期比較熟悉課程走向，我也將演講場次減少，空出更多讀書的時間，加上教授們給予許多鼓勵、適當的課程安排，成人教育領域的學習變得有趣且有效率。

近年，陸續遠赴法國霞慕尼滑雪登山學校、波蘭登山學校、日本登山研修所參訪、取經，期許將國外數十、數百年的辦學精神與態度，與臺灣人文地理優勢相結合。登山教育學校最初設定以培育對象為年輕學子，後來對全球、臺灣社會現況有更多了解，深感成人繼續教育的重要性更勝於義務教育，漸漸明白生命歷程的整體性是終身學習的教育，積極考進中正大學成人及繼續教育學系博士班進修的用意即在此，課堂上教授特別提點：需以教學系統設計、教案教材研擬、授課師資評核遴選等面向穩扎穩打，逐步規劃落實。

登山教育學校的創辦是一場生命實境體驗！即將步入樂齡階段的自己，從未間斷過豐富多元的學習經驗，促成我生命充實、快樂，期許能分享給更多人知道。近年來陸續研究指出透過適當的登山活動，能改善中高齡者老化所面臨的身、心、靈問題，提供及創造更舒適健康的生活品質，維持自主照護能力，相對降低年輕人經濟壓力、社會長照人力不足等種種問題。

博士班課程第三學期已漸入佳境，用觸類旁通來形容，演講、修讀博士班、籌辦登山學校，三者同時並進。十年來在臺灣各地演講，堪稱是登山教育進行宣傳推廣的最佳方式。演講過程中，收到無數聽眾給我的鼓勵，成千上萬張的卡片、紙條，甚至將聽講心得集結成冊做為回饋。除此之外，更多人聽了演講深受激勵、感動，勇敢跨出第一步，開始登山、圓夢，證實生命可以感動生命，進而啟動更多生命一起共振出正能量。

觀點轉換！人生依然大有可為

登山學校招生年齡，我們採「倒著走」，透過登山教育來引導中高齡族群，從健康、花費不高、培養正確觀念等層面切入，提供一種「優質第三人生企劃書」的選擇與可能性，讓他們在退休前開始接觸登山，將多出來的時間進行規劃。或許以前沒有相關經驗，現在透過登山教育活動來學習永不嫌遲！

教育裡面有個「觀點轉換」理論，亦即生命歷程的轉變、改變，譬如有人四十多歲開始打太極拳，經由相關習練，逐漸感受對自我身心的益處，甚至改變對生命的看法，這就是「觀點轉換」。多數人可能認為：「啊不可能啦～我這輩子就已經都在山上工作了，哪有可能再去爬山！」但認真嘗試體驗登山樂趣，完全改變想法，直說爬山好好，願意再來～這是我親身接收到的回應。

「觀自在太極社」初登合歡主峰。

登山教育學校將以中高齡族群做為招生目標。政府規劃一鄉鎮一樂齡中心，「樂齡」以五十五歲為基準。一般退休年齡六十五歲，在這之前要找出並培養自己的興趣，做退休後的生活規劃。我希望樂齡族群，可以開始親近山林，除了健康養生的運動，也能當成第二專長培訓，相信未來能以經驗承擔「樂齡登山指導員」，強化自己也能關照他人。若有國外的中高齡者來臺灣登山健行，更能拓展規劃成健康登山產業鏈。

登山教育學校培訓出來的學員，不一定都要挑戰百岳，亦能從事登山相關的活動或產業，譬如國家公園、林務局、森林遊樂中心的登山解說員、生態環境導覽等結合與互相支援。中高齡族群的培訓，時間好安排、做有意義的事；若擔任各機構志工，三餐不會有太大問題。例如國家公園會支付誤餐費，有些則提供住宿；也可選擇好山好水的單位執勤，經常與人互動，身心靈皆能獲得昇華，除了維持身體機能、活化腦細胞，更能避免一些老人疾病產生喔！特別是規律、有目標的生活，是中高齡者健康終老的不二法門。

藉登山教育培訓、維持或增強中高齡族群的活力，可說是進入醫療院所之前「積極健康長照」的一環！這些年來在臺灣行腳演講，親眼看見、發現許多中高齡者的需求，而衍生如上想法。一、二十年前，我接觸生態解說，在國家公園裡發現擔任解說員大都是中高年齡層，與他們交流當中，獲取很多知識經驗，特別是高齡社會的臺灣，這個部分很重要。

五十五歲開始培養！七十五歲仍可自主自理

大家知道嗎？大約再過六、七年，臺灣即將進入超高齡社會！

中正大學黃富順教授曾於《高齡學》一書中提到，何謂「超高齡社會」？就是一個社會，六十五歲（含）以上老年人占總人口二〇%以上。臺灣在二〇一八年三月已達十四%，預估在二〇二六年進入超高齡社會。二十年間，臺灣從高齡化社會→高齡社會→超高齡社會，跟其他國家相較，因少子化的關係，步入「超高齡社會」的速度超前。醫學發達，科技進步，人類壽命相對延長。

教育部目前在國中小學（高中以下）推廣山野教育，十年演講中，讓我看到臺灣即將步入超高齡社會的問題與事實，發現此區塊的族群，若懂得提早規劃退休、老後生活，就能過得健康有價值的人生。完整的生命歷程，從小學生到老年，相信每個人都希望做到「生命自主」，需從「培養好習慣」做起！如果五十五歲開始培養，到七十五歲仍可自主自理，這也是一種「觀點轉換」。

現今社會生活普遍安康富足，許多年長者並未培養、維持個人興趣及運動習慣。殊不知老化是全面性，骨質疏鬆、肌少症、三高等慢性疾病、失智症……除了醫療照料、健康食品補給，需具備正確養生觀念，積極尋求適合自身參與的戶外活動是不可或缺。

臺灣國土有三分之二是山地，照理說，臺灣人應該很能爬山、很能游泳，居住在美麗寶島、「生於斯、長於斯」所必須有的認知，可惜並未落實。但一切都還來得及，也正是我想努力推廣的觀念。

最近透過系上教授的建議研讀「觀點轉換」的專業書籍，希望能將登山活動所學結合理論，兩者相輔相成，累積成教材，編寫有系統的教案，是需要費時間的大工程。兩年來博士班研讀相關學理，準備進入實際研究。

中正大學博士班進修之餘，開始帶領中高齡族群從事登山活動，藉由互動過程，進行了解、訪談，做問卷調查，慢慢彙整為中高齡者實用且有意義的登山教案。

五十五歲年齡層具有相對優勢！此時兒女大多養育長成、獨立生活，應適時放手，不必經常照看管教；也較有時間，並累積一些經濟能力，可做為自身後續生活的運用安排。

以登山陪伴！
邁向真正完善的終老

登山教育學校的立意，並非以賺錢為目的。課程費用不會訂得很高，配合政府對於中高齡者學習的相關補助，類似各鄉鎮樂活中心的課程施作。我的思維是，期許將中高齡族群導入一個健康的循環，逐步邁向「真正完善的終老」；不再只是一個夢想，是實際可以完成的！

我身邊有個很激勵人心的例子——這位長輩是退休後才開始爬山，兩年內他完成百岳攀登，現在七十二歲了，登山過程曾遭遇十字韌帶斷裂，復原後持續爬山、運動，完全沒問題。俗話說：「打斷手骨顛倒勇。」（臺語）真是非常好的典範，未來有機會可邀請他來現身說法，萬一在山野活動中意外受傷，經過相關醫療復健等，仍有機會繼續從事登山活動；適當鍛鍊，讓身體維持健康狀態的觀念分享給大家。

臺灣適合進行登山活動的點相當多，透過循序漸進的方式接觸山林，例如：做登山分級的學程，入學時提交健康檢查表等等。初步規劃，將登山教育依附在樂齡大學或社區大學體系中開課，待時機成熟後，再獨立出來成立登山教育學校。個人也能從初步開課、授課過程中，了解中高齡學員的真實想法和需求，慢慢彙整納入登山教育相關環節中。

會以五專學制思考的登山學校，是謝智謀老師給我的建議，鼓勵我訂定一個最難的方向進行摸索。未來要不要照此方向前進，或者以開設高中實驗班的學程規劃，端看自己如何因應時代局勢轉變來微調，乘著因緣俱足的翅膀堅定前行，臺灣的第一所登山教育學校將與時俱進！

二〇二〇上半年度，中正大學博士班課程將研修完成，下半年開始做研究，一面室內上課、講課，一面帶隊戶外實作，理論與實務雙軌同步進行，安排與國外交流，逐步彙整成教案，成為登山學校的系統規範，依此系統施行、調整及運作。

將登山教育學校招生對象調整為中高齡族群，相信對現今社會有相關助益，更是衷心盼望成就之事。

坦白說，推廣登山教育過程，偶爾難免感到疲憊。《牧羊少年奇幻之旅》（時報出版）這本書中、我最喜歡的話：「當你真心渴望某件事時，全宇宙都會聯合起來幫助你。」深信，你的理念會有越來越多人認同，願意跟著你、適時協助你，凝聚起來的力量肯定越來越強大。

知天命的我，生命有大不同的體悟。人生的每個階段，不妨嘗試回看自己生命的足跡，明白自己擁有什麼、缺乏什麼、需要加強什麼。登山與人生融為一體，今生今世密不可分。生命曲線的最美，是高低起伏，像攀登崇山峻嶺，走到低谷當作休息與沉澱的時光！三十年來親山樂水的感知、領悟，正是對應自己生命的最佳寫照！

希望有一天！他們也能發現心中的聖山

生命二部曲的書寫來到尾聲，心頭卻始終惦記著那場「最難表達的演講」……

某天接到一個共學團體來電邀約演講，對方表明聽眾是自閉症孩童與陪伴學習的家長，我二話不說直接答應。總以為熱情可以融化一切，願意接受所有單位的邀約，或許是登頂聖母峰回來的改變，抑或是聖母峰植入特有的DNA——不再以「困難」為考量，而是以「想辦法」達到目標為前提的處事態度。

我記得第一次面對自閉症患者演講是在南投縣一所小學，該校當時有一名自閉症兒童，而這次是專為一群五～二十五歲自閉症患者演講，想事先做功課卻不知從何開始，傷透腦筋。幸好邀請者提供一份有關共學團體的簡介，說明該團體為何成立、曾經邀請的講師與講題等，部分內容寫道：

「幾位自閉症孩子，在透過打字溝通展現出超越同齡者的理解力與興趣廣度後，對於學校教學內容感到不足，因此共同約定，在課餘時間一起找有興趣的專題，請各領域專業者前來授課。上課中如有學員發出聲音或躁動，請溫和忽略，繼續您的內容講述即可，盡量在課程中開放問答或與學員討論、交流、互動。因學員需要打字才能發表意見，會花較長的時間。希望講者先提供講義、大綱、投影片，孩子能夠先做功課。」

演講當天，整個空間氛圍有些凝重，孩子以分散方式或躺在地板上，或窩在沙發裡……各自沉浸在自己的世界裡，臉上看不到一般孩童自然流露的活潑神情，也沒有燦爛的笑容，或許也無法感受講師的存在。我只好靠著單向輸出的演講方式，期盼孩子們多少能接收我所分享的內容。

然而，時間滴答滴答、一分一秒地流逝，彷彿收音機的頻道跑掉了，始終調不到彼此的對應點。自己曾攀登世界七大洲頂峰，此時此刻面對這些孩子們的小小心靈世界，卻半步也踏不進去，頓感無比沮喪。

演講結束後，我一邊緩步走出大樓，一邊想著：明明是來鼓勵這些孩子們，自己的心卻沉重得像綁鉛塊般落入茫茫深海。也是在那一刻，我才發現陪伴自閉症孩童長大的父母親有多麼偉大，他們必須終身付出無限的愛心、耐心，持續照護教導……

我衷心盼望，希望有一天，這些孩子們都能發現自己心中的那座聖山！

專欄

演講行旅
撒播的種籽發芽了

就在世界七頂峰完攀的隔年——二〇一〇年，我受邀至彰化女中演講，學校輔導室主任特別製作一份學習單，同學們在聽講之後填寫。第一次承擔如此龐大陣仗，面對兩千位高中生進行演講；同樣身為女性之姿，自然將親身經歷如實呈現，使盡渾身解數激勵同學們勇敢追夢。

講座圓滿結束，抱著一箱裝有兩千份的回饋單回到南投家，趁著每天下班就看一些，挑出有認真填寫、或者提出問題者，盡己所能親筆寫明信片提供相關看法和建議，前前後後大約回覆三、四百份，分批郵寄至彰化女中輔導室，請主任依班級座號轉交給同學。

◎連番巧遇驚喜！當年的小聽眾勇闖海外築夢

二〇一四年九月，臺灣大學大氣科學系碩士班入學第一天，林博雄教授領著我跟乾媽，前往臺大體育館地下室觀看氣象學會桌球賽情況；這場賽事由臺大大氣科學系與氣象學會共同主辦，博雄老師前去視察相關軟硬體設施與比賽實況。確認一切都在掌握之中，比賽順利進行。博雄老師便帶我們到體育館樓上喝咖啡，輕鬆分享校園內的軟硬體設施與周邊環境。

不久，博雄老師先下樓觀看桌球比賽，我和乾媽繼續喝咖啡、聊天。當時隔壁桌有兩位學生，乾媽留意到他們的目光不斷往我們這邊看；我坐的角度背對著他們，沒能注意。先離座去化妝室，乾媽趁此空檔，主動靠近隔壁桌詢問：

「同學，你們認識我的乾女兒？」

兩人微笑著反問道：「您好，請問她是爬山的秀真老師嗎？」

乾媽回答：「是啊！」

「哇～真的是秀真老師！高中時曾經聽過她的演講……」

從化妝室走回座位，乾媽說：「妳的小粉絲來認妳啦！」

再次驗證人生有緣千里相會~眼前的臺大男生是當年就讀臺中二中的林子鈞，當時是學校社團的幹部，親自領著社團成員到玉山國家公園管理處，熱情地邀請我到學校演講。適逢中秋佳節將近，一群稚氣的高中生在文旦上頭寫下每位團員的名字做為見面禮，讓我印象深刻，至今難忘！

另一位臺大女生是當年彰化女中兩千名聽講的學生之一，名叫蔡宛庭。兩人同時深受演講的感動與影響，宛庭還說：「秀真老師回覆的明信片，我一直都擺在書桌上，做為激勵自己前進的力量。真的好高興可以在臺大遇見您……」

臺大校園巧遇，現場四人都感覺超不可思議！當年的演講因緣持續牽引著彼此，也是我們心中都懷著夢想平行前進，直到時空交疊，有緣總能再聚吧！

大家興奮地交談、分享近況，從中得知這兩位優秀高中生已是臺大經濟系二年級的學生！嘿嘿，真的很有趣加有緣，沒想到當年的演講老師和小聽眾，變成臺大的校友哩～相談之中，再次確認演講中所提到的：「如果沒有攀登聖母峰，江老師您的選擇是？」

假如沒有記錯，我曾經決定參與海外志工（國際志工）的培訓，想透過不同的服務地點來環遊世界！因緣際會，我選擇海外攀登，特別是二〇〇六～二〇〇九年間，參與歐都納世界七頂峰的攀登計畫，算是定點環遊世界七大洲一趟了。難得巧遇，開心聊了一陣子，我與宛庭、子鈞合影留下聯絡方式。那一刻，心底油然升起一抹溫暖悸動——行腳臺灣各地的演講之旅，幾年走下來，陸續撒播的種籽似乎正在一顆顆發芽了……

◎遠山呼喚——教育種植計畫

進入臺大碩士班研讀，時光匆匆！某天下午趕著到共同教室演講，卻在教室附近遇到子鈞，他出聲喊道：「秀真老師，您要去哪裡？」

我簡短回答：「去演講！」

子鈞喊著樓梯下方的宛庭，我們三人再度短暫碰面交談。我開心問著：「你們倆最近在忙什麼呢？」

兩人異口同聲回道：「海外志工！」

我一聽，心頭再度泛起一陣感動又欣慰的暖意。

再見到子鈞和宛庭，他們約我見面說明正在籌備「遠山呼喚資助尼泊爾貧童就學計畫的募款短片」，希望我能參與其中幫忙宣傳。當下聽了好感動，這是我的榮幸，非常樂意成為其中一份子，心裡更進一步想著多麼有意義的一件事啊！

先前在臺大校園巧遇，獲知彼此成為校友真的很開心。三年的碩士班求學生涯中，兩顆懷抱大愛夢想的勇氣種籽在眼前漸漸發芽，成長茁壯，讓人意想不到的是，我們一起從椰林大道上圓滿畢業，一路走來的因緣交會，讓我深感喜悅。

兩個年輕人高中時代聽過我的演講，萌生國際教育志業藍圖，逐步落實「遠山呼喚」的夢想，勇敢承擔國際志工的使命，過程中必有其艱辛與困難，願意遠赴尼泊爾大地震重創的廓爾克村等偏遠村落，協助當地孩童重拾讀書的權利與快樂……他們寧可脫離舒適圈，選擇跨國際的種植教育計畫，著實令人讚嘆！

二〇一五年，尼泊爾發生七・九級大地震，造成近千人喪生，大量建築物傾倒毀壞，令人不忍卒睹……位在地震帶上的臺灣曾經歷慘痛的九二一大地震，不論是國內或國外遭

「遠真家族」尼泊爾健行。

逢如此重大災難巨變，相信大家都能同體大悲。

有學可上、有書可讀，是幸福的！現今臺灣社會富足，人民安居樂業，從幼兒園開始，基本上都有受教育的權利保障。二〇一五年遭逢巨震災變的尼泊爾，許多家庭頓時陷入困境，貧窮家庭連吃飯都有問題，大人沒工可做，山區還能夠上學的小孩自認已是非常幸福，有些十二歲的少女（才小學六年級）可能被迫嫁人、十三歲男童淪為苦力……儘管勉強在鐵皮遮板下的教室上課，飽受雨季和雪季的侵襲，卻半點沒有阻斷孩子一心想求學的喜悅。

基於此，一個源自臺灣的國際教育組織於焉誕生！宛庭和子鈞不畏艱難，戮力執行「遠山呼喚——教育種植計畫」；一切從零開始，從兩人的夢想出發，陸續廣納理念、抱負相同的成員加入團隊一起協力。

用心規劃教育計畫包含——減輕家庭負擔的「親職教育&獎學金計畫」、補足生活必須的「營養午餐&校車計畫」、翻轉學校環境的「圖書館&電腦教育計畫」、提升就業機會的「英文課輔&職涯輔導計畫」。每月定期定額的資助人招募之外，因應現況所需，提出購買校車送小孩平安上下學，近期「扭轉四所學校倒閉的命運」募資計畫等等。

◎用愛送孩童回學校讀書

「遠山呼喚」成立至今已進入第五個年頭，他們沒時間辦理五週年期勉活動，卻鼓舞彼此的五週年願望——祈願集結更多長期資助人或關注者，一起協助尼泊爾超級偏遠地帶，連世界上其他國際組織都到不了的吉里鎮，「用愛送孩童回學校讀書」！

我始終相信，教育是改變弱勢孩童生命的最有力機會，此時此刻，他們需要更多的愛與溫暖陪伴，誠摯邀請大家持續給予遠山呼喚國際教育組織支持與鼓勵。

「遠山呼喚」的宛庭和子鈞分享五週年感言：

當時創辦「遠山呼喚」，是因為我們想要實踐以「離開」為目標的長期服務。我們不只想要種植教育，更想把教育的主導權交給在地人！

所以五年前，我們開啟了一場長期陪伴，一場源自臺灣的教育承諾。

這麼久以來，心裡一直很感謝，一路上我們並不孤單。

謝謝資助人長期支持，我們才能一路走過來；
謝謝教授與前輩們指引，我們才能跨越困境；
謝謝大家一起相信，遠山才能還是遠山！

這場源自臺灣的行動還在持續擴大，我們還想陪伴更多孩子，創造不一樣的人生結局！

＊可搜尋：「遠山呼喚教育種植計畫」

◎「遠真家族」之尼泊爾公益健行：【走入山林，豐盛生命】

何謂「遠真家族」？「遠山呼喚——教育種植計畫」的團隊與臺灣登山家江秀真的合體。

二〇一八年四月，透過遠山呼喚的計畫主持人之一Emily（宛庭）與尼泊爾當地的旅行社、雪巴嚮導合作，啟動第一次的公益旅行，親朋好友先成團，我們選了一條能讓團員較容易達成目標的Poon Hill路線，四天三夜的山區健行，就能在三千公尺處看見八千公尺巨峰——道拉吉利峰。

兩個星期的尼泊爾之旅，除了結合波卡拉市的觀光旅遊，同時參訪海拔一千五百公尺波卡拉山區的「照亮生命英語小學」、遠山呼喚協會資助廓爾克村的幾所中小學，讓海外健行與公益活動實質結合。此行，團員多半是已退休的中高齡者，我發現他們參與活動前、後的心境變化相當大，恰好符合自己目前所學「成人繼續教育」課程，以及想要研究的對象。

透過課堂指導教授的建議，找到可研究的方向。如何將實務與理論兩者結合，讓我們於二〇一九年四月舉辦第二次的尼泊爾公益健行，順利前進海拔四一三〇公尺的安納普納南峰基地營。從每位團員回程後的心得內容，看見勇氣、毅力、堅持到底的態度與出發之前天差地別，更加證實：參與登山健行活動，有利於身心靈的啟發與正向建設，特別在中高齡者的生命階段，能獲得更多的心靈成就，有助於圓滿人生。

後記

一場生離死別的演講

其實，父親在二〇一四年離世前夕，我在上一本著作《挑戰，巔峰之後》的最後，書寫一篇〈回看，在父親離世之後〉，有相關的描繪和述說。但我沒說的是，六月四日當天有一場在國家太空中心早已排定的講座照常舉辦，那就像一場生離死別的演講……

為何在第二本著作再度提起？純然是因為這五、六年來，為了創辦登山教育學校，重回校園研讀、精進相關領域智識，過程中總不時想起父親在世時曾以我為榮的點點滴滴——

我一臉開心地拎著全校五年級女子組兩百公尺金牌，衝回家跟父親炫耀一番；父親卻用心良苦對我使用激將法，希望我不要因小小成就自滿，應該要持續不斷往前精進才好。

一九九五年，首度在珠穆朗瑪峰登頂的消息傳回臺灣，媒體記者們突然跑到家中訪問，生性害羞又不擅表達的父親，雖說不上幾句話，生平第一次被報紙刊登他和老媽的照片，一臉靦腆卻隱含著驕傲，看起來還真是經典！

榮獲全國十大傑出青年出席頒獎典禮時，父親第一次站在臺上和我一起領獎，主持人訪問：「是否曾和女兒去爬過山？」一下子把父親問得支支吾吾的，什麼「湖」說了老半天，卻說不出個所以然。事後回想，父親長期受糖尿病、痛風所擾，難免因吃藥而產生許多副作用；當時不夠細心體貼的我，竟然忘記這輩子父親唯一和我們爬上臺灣高山的難忘回憶，沒能及時幫忙回答：「七彩湖！」

二〇〇九年前往攀登世界七頂峰計畫最後一座的珠穆朗瑪峰，當時所有登山隊員的家屬聚集在桃園機場為我們送行。我花了些時間說服父親：我是去學習，不是去冒險。但父親始終擺出一張撲克臉，要我：「麥安捏黑白武！」（意指別胡亂搞）我知道父親其實是擔心我，只好故作輕鬆地逗他笑：「我要

父親和我們攀登七彩湖。

武啥！不會啦，天氣不好，強要爬喔！」並努力安撫父親：「我會去基地營炒米粉給您看，這樣您就會放心了。」

＊　＊　＊

遺憾的是，臺灣大學大氣科學系碩士班畢業那天，獨缺一張和父親在椰林大道的合影……幸好，我的生命二部曲《十年一講，為夢想》就要出版了！我想將這十多年來，行腳臺灣各地的演講、前往法國、波蘭、日本參訪登山學校，以及考進臺大碩士班和中正大學博士班進修、踏踏實實為夢想前進、為創辦登山教育學校的過程彙整成冊，獻給最親愛的父親！

在此，請讀者們容許我再次回溯二〇一四年六月四日，父親離世那一天的場景——

二〇一四年的端午節，原本計畫回家（沾醬油＝看江老爸），沒想到下午就接到老哥的來訊說，老爸再次中風住院。

其實糖尿病、痛風在老爸身上，已經住上好長一段時間了，該吃的藥他已經吃怕了，所以胰島素是用打針的方式，連帶的併發症、後遺症……也都無一倖免。但，他也都熬過來了；七十歲過後的他，進出醫院的次數越來越頻繁，住院期間多半由江老媽在照顧他。

然而，第二次中風要能痊癒出院恐怕是難了，急診室醫生診斷後確定是腦栓塞，醫生做診斷說明：選擇手術，就算順利也恐將成為植物人，另一選擇是醫生只實施「緩解性、支持性之醫療照護」；而不進行「心肺復甦術」，或放棄插管、心臟電擊等積極性、具痛感的治療，把醫療的目的從「延長生命」轉變成「減輕疼痛」就好。

院方徵詢家屬的意見，全家經過討論，希望減輕老爸的病痛，讓他有尊嚴離世，一致認為此決定是做為今生離別的最好禮物。決定選擇後者，這也表示我們放棄急救，聽起來似乎很無情，但是太多身邊的例子是選擇前者，命雖救活卻成為植物人，加上後續的醫療人力、高額醫療費用、還有病人的痛苦，都是日積月累的精神耗損。

簽好文件，醫生叮嚀家屬，老爸在這一兩天內隨時會離開，要我們做好心理準備。後來，老爸在六月四日早上八點多過世，哥哥陪在他身邊，我們也在最短時間內趕到醫院著手辦理後事。

第一時間先通知已連繫好的禮儀公司，協助將老爸的遺體送至殯儀館，接著有連續八小時不斷聲的佛號助念，全家圍在老爸身旁為他助念。此時，腦海裡浮現孩時與老爸相處的種種過往——嚴肅又不太說話的江老爸喜歡站在東北角的岩石上夜釣，週末夜晚我們幾個小毛頭經常跟隨他吹著海風、帶著涼被，從這塊岩石睡過那塊岩石，清晨再開車回家。可能因此，我們家的小孩很能適應各種環境、喜歡戶外活動。江老爸走了，安詳地閉著眼睛，或許他也正帶著自己美好的記憶回天上去了。

就在昔日回憶來來去去之間，想起了六月四日下午得前往位在新竹的國家太空中心演講。老爸的離世來得突然，而且演講通常幾個月前就已敲定，自己也就沒有去電取消。儘管為此取消或延期演講大多數人都能諒解，但是江家兩老雖沒受什麼教育，卻很堅持非不得已不能耽誤太多人，所以決定如期赴約演講。

當下先跟躺在殯儀館的老爸告假，說自己得先行離開去演講，講完一定趕回來繼續助念；我也深信老爸能夠諒解並同意我這麼做。順利抵達國家太空中心，本能地把車停好，但就在下車前我又忍不住哭了起來，不難過是騙人的，想起一家人和老爸的生活點滴，有如電影一幕幕地閃過腦海，卻在今天似乎就要畫下休止符。如此真實的生離死別過程，還來不及將它們收進記憶深處，就已消失無蹤……

此時，耳邊彷彿傳來江老爸的聲音：「愛哭祖、沾醬油，趕緊去演講啦！我還在等妳回來送我。」

對喔！趕緊擦乾眼淚，不斷告訴自己，無論如何也得打起精神把這場演講完成，讓在天之靈的江老爸感到驕傲，他的小孩跟他一樣處事淡定、臨危不亂！

* * *

近年來，思念父親的畫面總是帶著些許溫暖加微微酸楚，卻也時時提醒我活著的目標是什麼、該往哪個方向邁進。

親愛的江老爸，六年後再回溯這一切，我是想告訴您：

「請放心，女兒將帶著您的期許，持續堅強，勇敢前行！」

致謝

感恩每一個為教育播種的緣起

「財團法人鹿江教育基金會」（以下簡稱「鹿江」）成立於二〇〇八年，在新竹縣政府立案。「鹿江」成立至今，聚焦於閱讀推廣以及藝術、環保等議題，辦理過的活動以新竹縣中小學閱讀、思考與討論課程為主，其他還有「大樹下的音樂會」、寫作競賽、邀請兒童劇團下鄉演出等，並於四年前設立社區型圖書室，辦理親子故事、社區走讀、親子共學、竹風講堂等社教／藝文活動。

二〇一五年開始辦理鹿江盃立石大賽，此乃國內首創，至去年已辦理第五屆；這是一個老少皆宜、動手體驗的親土地親自然的活動。基金會還有一項很特別的業務——大樹義剪，這是為竹縣中小學修剪校園大樹的服務，除了改善學校環境，提升校園安全，並可結合校本課程，同時也解決了學校的修樹難題。

二〇一八年因緣際會認識了秀真，並邀請她蒞臨關西鎮演講，講座獲得空前的迴響。所以嘗試在新竹縣中小學規劃辦理校園巡迴演講，每年以十場為額度。秀真豐富精彩的冒險故事、驚險的攀登歷程、絕美的高山景緻，加上她幽默親切的表達，真摯的鼓勵……六歲的孩子也聽得津津有味。

這是一個播種的工作，但這眼前似乎未見明顯成效，但這

股正向的能量，我們相信有一天會成長茁壯匯聚成一股改變孩子／社會的沛然動能。

從海邊到本縣最高學府（尖石鄉新光國小），從千人場面到數十人的溫馨講座，秀真不辭辛勞，不計路途遙遙，鐘點費也不高……真的很感謝她！

二〇一九年新竹縣的講題是「攀登生命的高峰．打開夢想的背包」。秀真鼓勵孩子們勇於夢想去攀登屬於自己生命的高峰；我也祝福秀真，生命中的另一座高峰——「臺灣登山教育學校」能順利地誕生，完成她人生的終極夢想！

財團法人鹿江教育基金會執行長　**陳玉蟾**

PEOPLE 035

十年一講，為夢想

作者——江秀真
特約編輯——連秋香
責任編輯——何若文
美術設計——謝富智
版權——黃淑敏、翁靜如、邱珮芸、劉鎔慈
行銷業務——黃崇華、周佑潔、張媖茜

總編輯——何宜珍
總經理——彭之琬
事業群總經理——黃淑貞
發行人——何飛鵬
法律顧問——元禾法律事務所 王子文律師
出版——商周出版
臺北市中山區民生東路二段141號9樓
電話：(02) 2500-7008 傳真：(02) 2500-7759
E-mail：bwp.service@cite.com.tw
發行——英屬蓋曼群島商家庭傳媒股份有限公司城邦分公司
臺北市中山區民生東路二段141號2樓
讀者服務專線：0800-020-299 24小時傳真服務：(02)2517-0999
讀者服務信箱E-mail：cs@cite.com.tw
劃撥帳號——19833503 戶名：英屬蓋曼群島商家庭傳媒股份有限公司城邦分公司
訂購服務——書虫股份有限公司客服專線：(02)2500-7718；2500-7719
服務時間：週一至週五上午09:30-12:00；下午13:30-17:00
24小時傳真專線：(02)2500-1990；2500-1991
劃撥帳號：19863813 戶名：書虫股份有限公司
E-mail：service@readingclub.com.tw
香港發行所——城邦(香港)出版集團有限公司
香港灣仔駱克道193號超商業中心1樓
電話：(852) 2508-6231傳真：(852) 2578-9337
馬新發行所——城邦(馬新)出版集團
【Cité (M) Sdn. Bhd】
41, Jalan Radin Anum, Bandar Baru Sri Petaling,
57000 Kuala Lumpur, Malaysia.
電話：(603)9057-8822 傳真：(603)9057-6622
商周出版部落格——http://bwp25007008.pixnet.net/blog
行政院新聞局北市業字第913號

封面設計——copy
印刷——卡樂彩色製版印刷有限公司
總經銷——聯合發行股份有限公司　電話：(02)2917-8022　傳真：(02)2911-0053

2020年（民109）07月28日初版　Printed in Taiwan

定價390元　　ISBN 978-986-477-879-9　城邦讀書花園 www.cite.com.tw

國家圖書館出版品預行編目

十年一講，為夢想 / 江秀真著. -- 初版. -- 臺北市：商周出版：家庭傳媒城邦分公司發行，民109.07
256面；17*23公分. -- (People；35)　ISBN 978-986-477-879-9(平裝)
1. 自我實現　2. 成功法　3.登山
177.2　　109009726

⑪	⑫	13	14
⑱	⑲	20	
25	㉖	㉗	

1	2	3	4	5	
8	9	10	11	12	
15	16	17	18	19	
22	23	24	25	26	
29	30	31			

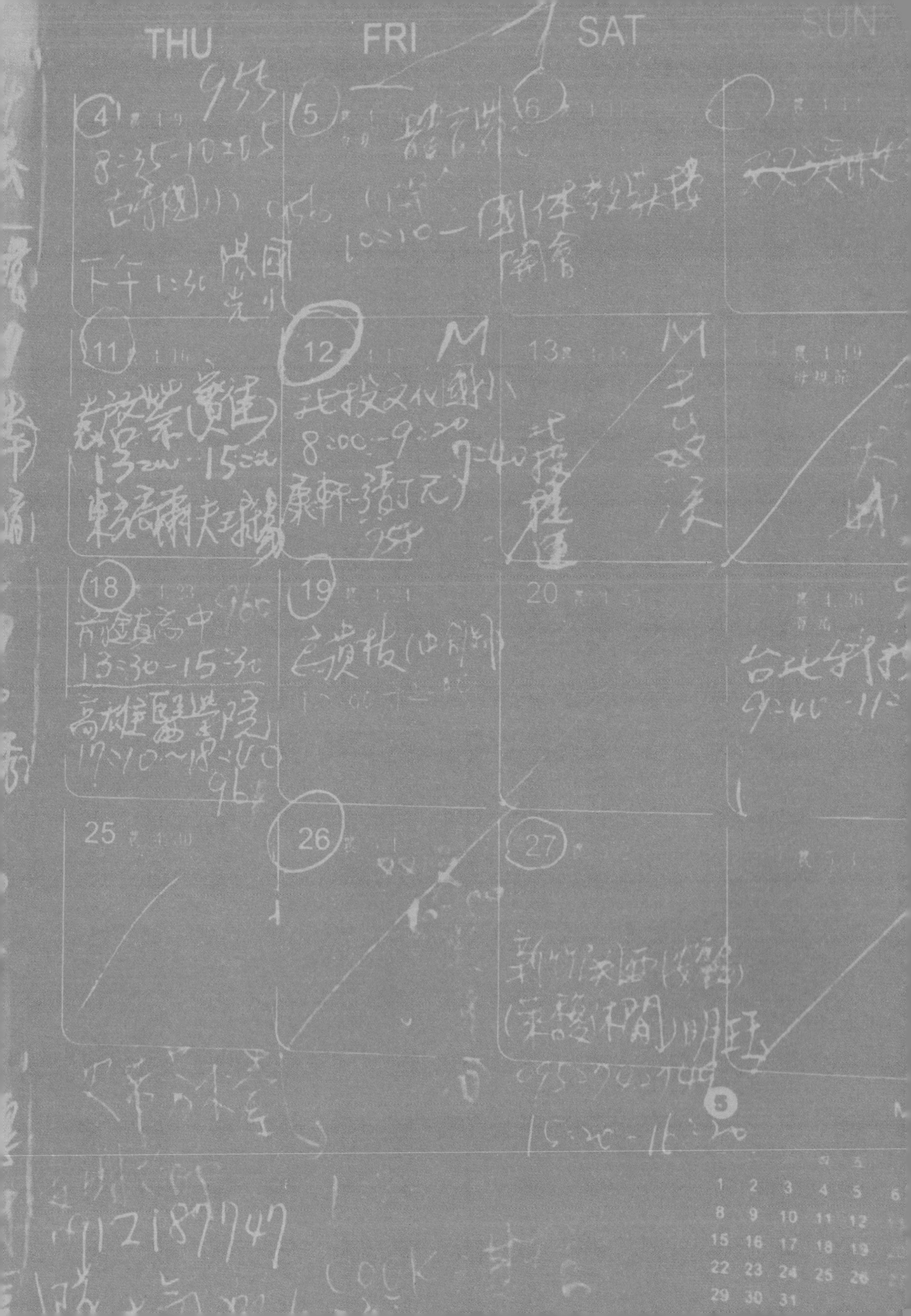

17

2 農 4.7

晚上6:00到

3 農 4.8

95

10:00-12:00

14:00-16:00

8

9

10 農 4.15

959

11:00到

教師研習

15

16 農 4.21

早上

17 農 4.22

959

下午13:00-15:00

開南大學

22

10:00-15:00

14下

23 農 4.28

Fred 生日

963

24 農 4.29

13:00-15:00

964

8:50

29

30

31 農 5.6

14:00-16:00